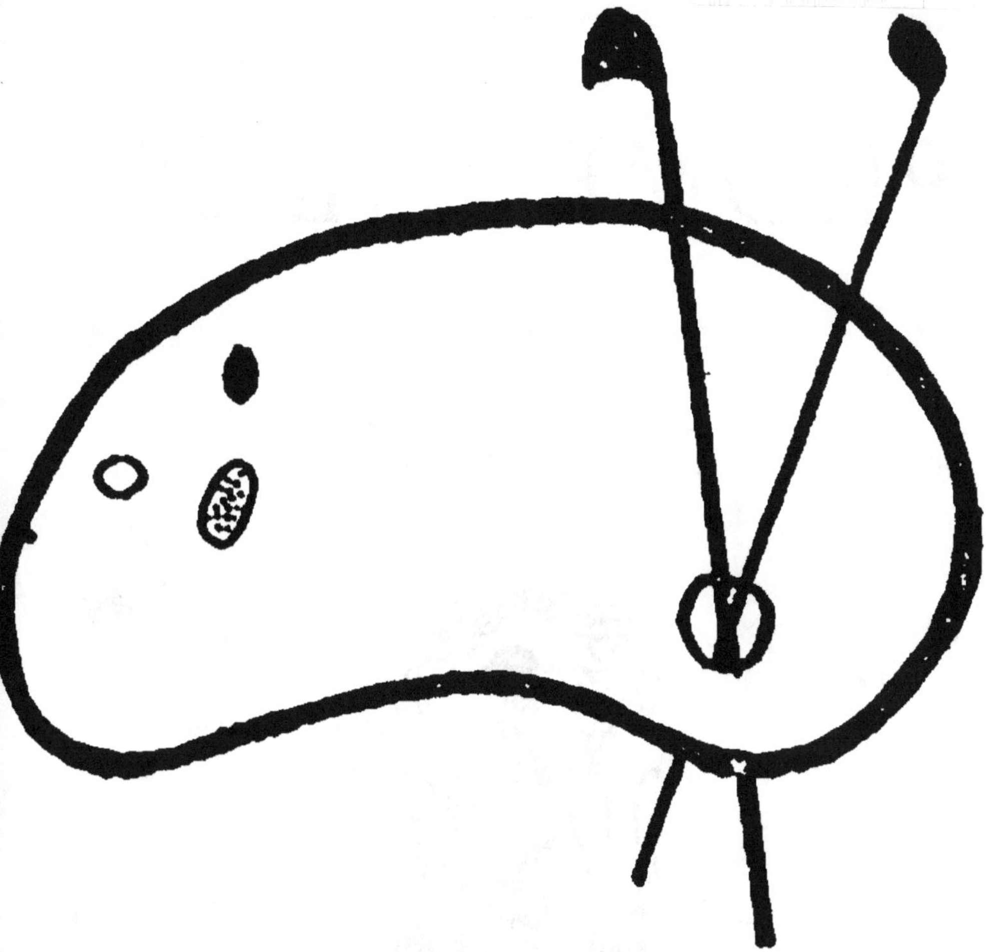

COUVERTURE SUPERIEURE ET INFERIEURE EN COULEUR

CHARLES POTRON

PROMENADES

ET

RÊVERIES

PARIS

ALPHONSE LEMERRE, ÉDITEUR

31, PASSAGE CHOISEUL, 31

M DCCC LXXV

PETITE BIBLIOTHEQUE LITTERAIRE
(AUTEURS CONTEMPORAINS)

Volumes petit in-12 (format des Elzévirs)
imprimés sur beau papier vélin teinté.
Chaque volume 5 fr. & 6 fr.
*Chaque ouvrage est orné du portrait de l'auteur
gravé à l'eau-forte.*

VICTOR HUGO. Poésies Complètes. 10 vol. chaque vol	6 fr.
FRANÇOIS COPPÉE. Poésies (1864-1869). 1 volume.	5 fr.
— — — (1869-1874). 1 vol.	5 fr.
— — Théatre (1869-1872). 1 vol.	5 fr.
THÉODORE DE BANVILLE. Poésies (1870-1871). *Idylles prussiennes.* 1 volume	5 fr.
— — *Les Stalactites.* 1 vol.	5 fr.
— — *Odes funambulesques.* 1 vol.	6 fr.
— — *Le Sang de la Coupe. — Trente-six ballades joyeuses.* 1 vol.	6 fr.
— — *Les Exilés.* 1 vol.	6 fr.
ANDRÉ LEMOYNE. Poésies (1855-1870). *Les Charmeuses. — Les Roses d'antan.* 1 volume	6 fr.
JOSÉPHIN SOULARY. Œuvres poétiques (1845-1871). *Sonnets.* 1 volume	6 fr.
— — *Poëmes & poésies.* 1 volume.	6 fr.
SULLY PRUDHOMME. Poésies (1864-1865). 1 vol.	6 fr.
— Poésies (1866-1869). 1 vol.	6 fr.
Anthologie des Poètes français depuis le XVe siècle jusqu'à nos jours. 1 volume	6 fr.
BARBEY D'AUREVILLY. L'Ensorcelée. 1 vol.	6 fr.
— — Une vieille Maitresse. 2 volumes	10 fr.
LÉON GOZLAN. Aristide Froissart. 1 vol.	6 fr.
— — Polydore Marasquin. 1 vol.	6 fr.
GUSTAVE FLAUBERT. Mme Bovary. 2 volumes	10 fr.
AUGUSTE BRIZEUX. Poésies. *Marie. — Telen Arvor. — Furnez Breiz.* 1 volume	5 fr.
— — *Les Bretons.* 1 volume.	5 fr.
— — *Histoires poétiques.* 2 vol.	10 fr.
ANDRÉ CHÉNIER. Poésies. 3 volumes	18 fr.
SAINTE-BEUVE. *Tableau de la Poésie Française au XVIe siècle.* 2 vol.	10 fr.
DE MAISTRE. *Voyage autour de ma chambre &.* 1 vol.	5 fr.

Il est tiré quelques exemplaires de cette collection sur papier de Hollande, sur papier Whatman & sur papier de Chine.

PARIS. — J CLAYE, IMPRIMEUR, 7, RUE SAINT-BENOIT. — [963]

PROMENADES

ET

RÊVERIES

CHARLES POTRON

PROMENADES

ET

RÊVERIES

PARIS

ALPHONSE LEMERRE, ÉDITEUR

31, PASSAGE CHOISEUL, 31

M DCCC LXXV

PROMENADES ET RÊVERIES

LE PROMENEUR SOLITAIRE.

> Pour se plaire dans les forêts, il faut
> entendre le langage des forêts.
> (NICOLE.)

Quand, tout seul, je me promène,
    Incertain
Du but où mon pas me mène,
    Le matin,

Tout m'intéresse et m'enchante
    A la fois :
Un petit oiseau qui chante
    Dans les bois;

Un blanc nuage qui passe
Et s'enfuit,
Et que longtemps, dans l'espace,
Mon œil suit;

Une active fourmilière,
Où chacun
Met sa tâche journalière
En commun,

Et sans débat, sans critique,
Sans discours,
Donne à la chose publique
Tous ses jours;

Une simple marguerite,
Se mirant
Dans l'eau qui se précipite
Du torrent;

Une vapeur matinale
Sur les monts,
Blanche robe virginale
Des vallons.

Aujourd'hui j'ai pu soustraire
(Heureux jour!)
A la griffe sanguinaire
De l'autour,

Une imprudente fauvette
Que j'entends
Me saluer, la pauvrette,
De ses chants.

Il faudrait un long poëme
Pour conter
Tous les incidents que j'aime
A noter,

Quand, tout seul, je me promène,
Incertain
Du but où mon pas me mène,
Le matin.

Mais ce charme du mystère,
Vrai bonheur,
N'est que pour le solitaire
Promeneur :

Son esprit d'un saint délire
　Est rempli;
Comment donc a-t-on pu dire:
　Væ soli!

Ce triste et sombre anathême
　N'est, je croi,
Que pour celui-là qui n'aime
　Rien que soi.

On n'est jamais solitaire,
　Ici-bas,
Lorsqu'une autre âme, sur terre,
　Suit nos pas.

Camp. de Nechméla.

BELED-EL-ANEB.

Adieu coteaux charmants où j'allais, près de Bone,
Lire saint Augustin sur les débris d'Hippone!
O Beled-el-Aneb, la ville aux jujubiers,
Adieu tes myrtes verts, tes brillants caroubiers,
Ta mer et ton ciel bleu, tes folles brigantines,
Tes vaisseaux à trois ponts et tes voiles latines,
Ton lion de granit, modelé par les flots,
Qu'aux passagers, de loin, montrent les matelots,
Et qui semble placé, comme une sentinelle,
Pour défendre et garder la rive maternelle!
Adieu surtout, adieu tes fronts toujours voilés,
Tes moresques, fumant leurs divins narghilés!

Adieu tes muezzins, privés de la lumière,
Qui font, trois fois le jour, appel à la prière!
Adieu tes ulémas, tes imans, tes cadis,
Tes Mores, tes Maltais que souvent j'ai maudits,
Tes Turcs, tes Koulouglis où revivent deux races,
Ta riante mosquée, et tes blanches terrasses,
Où sur un frais divan, à la brise du soir,
Sous un ciel étoilé, souvent j'allais m'asseoir,
Et d'où, souvent aussi, quelque noire prunelle,
Pour moi, brillait dans l'ombre et faisait sentinelle!
Adieu donc tout cela! je pars et désormais
Je ne reverrai plus ton pays que j'aimais.
Je ne reverrai plus, hors des murs de la ville,
Cheminant gravement d'un pas lent et tranquille,
Au bord de la Sei-Bouse ou de la Bou-djimah,
La juive, aux noirs cheveux, avec son long sarmah,
Portant sur son épaule une urne demi-pleine,
Ainsi que Rebecca, venant de la fontaine.
Car tout rappelle ici les mœurs des temps passés;
Et les nombreux troupeaux près des camps espacés;
Et les blancs cavaliers, courbés sur leurs cavales,
Partant pour saccager quelques tribus rivales;
Et la tente où toujours, avec simplicité,
S'exercent les devoirs de l'hospitalité,

Et qui, sur mon chemin, partout s'offre à ma vue,
Telle encor que Moïse et Salluste l'ont vue,
Modeste abri de poils de longs pieux traversé,
Que, de loin, on dirait un vaisseau renversé...
Car déjà c'est de loin que, des hauteurs voisines,
J'aperçois vaguement le camp des Béni-djines;
Et de Bone, à mes yeux, le plus haut minaret
S'abaisse... brille encore... et bientôt disparaît.

MA MAITRESSE.

La douce maîtresse
Qui me suit sans cesse
Sur mer, dans les bois;
Qui, dans la campagne,
Toujours m'accompagne
Prise entre mes doigts;

Qui, dans les jours sombres,
Écarte les ombres
Loin de mes pensers;
Et qui dans ma chambre,
En parure d'ambre,
S'offre à mes baisers :

C'est ma cigarette
Qui, sage et discrète,
Toujours à propos,
M'oblige à me taire,
Ou vient me distraire
D'ennuyeux propos.

Sa blanche fumée,
D'abord enfermée,
S'échappe, et souvent,
En folles ondées,
Comme mes idées,
Suit le cours du vent;

D'un seul bond s'élance,
Ou bien se balance,
Paraît hésiter,
Et semble, indécise,
Attendre la brise
Qui doit l'emporter.

Sa vapeur m'enivre
Et j'aime à la suivre
Dans son jeu brillant,

Dans sa fantaisie,
Vague poésie,
Rêve d'Orient,

Qui du béotisme,
Du froid prosaïsme
Vient me dégager,
Et qui, sur sa trace,
Au loin dans l'espace,
Me fait voyager.

Flamande ou créole,
Ou bien Espagnole
Des plus comme il faut;
Moresque ou Persane,
Grâce à la douane
Souvent en défaut;

Telle est la maîtresse
Qui me suit sans cesse
Sur mer, dans les bois;
Qui dans la campagne
Toujours m'accompagne...
Sans payer les droits.

Plombières.

LE VRAI BONHEUR.

Heureux habitants des vallées,
Vos âmes ne sont pas troublées
Du bruit enivrant des cités,
Du faux éclat de leurs fortunes,
De leurs sottises importunes,
De leurs étranges vanités.

Ce n'est pas là que l'on rencontre,
Et que, du doigt, chacun vous montre
D'un vieux fat le vice opulent;
Ou cet héritier de la veille
Qui, le crêpe à peine à l'oreille,
Étale son luxe insolent;

Ni ces beaux messieurs de province
Qui, prenant tous des airs de prince,
Semblent dix fois plus fiers encor
De leur modeste particule,
Que, de tous ses travaux, Hercule,
Et Jason, de sa toison d'or.

On ne voit point sur vos collines
Se pavaner les crinolines
Ondulant comme un fandango ;
Et donnant à nos demoiselles,
Aux fines tailles de gazelles,
Des embonpoints de mère Ango.

On n'y voit pas non plus ces dames
Qui, dédaignant le nom de femmes,
Et, pour paraître bons garçons,
Avec l'habit de nos zouaves,
Prennent aussi le front des braves,
Et leurs allures sans façons.

Bons habitants de ces campagnes,
Vous avez au moins des compagnes
Qui, pour aigrette à leurs chapeaux,

N'exigent point un lophophore,
Mais qui, gaîment, portent l'amphore
Contenant le lait des troupeaux.

Au doux foyer de vos familles
Si vous avez des jeunes filles,
Vous offrez, avec leur beauté,
Pour dot, à l'amant qui l'emporte,
L'engrais placé devant la porte,
Emblême de fertilité.

Chez vous la vie est simple et calme.
Du vrai bonheur à vous la palme,
A vous qui, loin de nos cités,
Semblez ici, par la nature,
Dans un nid charmant de verdure
Des plaisirs faux être abrités!

Près de vos humbles ermitages
Que j'aimerais, sous les ombrages,
De vos sapins aux longs rameaux,
Dans la retraite et le silence,
Recommencer mon existence,
En oubliant mes anciens maux!

Il m'y faudrait si peu de chose
Pour être heureux... bien que je n'ose
Y rêver même en ce moment :
Rien qu'un chalet dans la campagne,
Quelques chevreaux sur la montagne,
Et, sous mon toit, un cœur aimant.

Calme et content, libre et tranquille,
A tous les plaisirs de la ville,
Sans regrets, je dirais adieu;
Et doucement, comme le sage,
J'attendrais la fin du voyage,
En mettant mon espoir en Dieu.

Lac Majeur.

LE RUISSEAU.

Vous semblez bien pressés, charmants petits ruisseaux,
    De descendre de la colline,
De quitter ces rochers, et de mêler vos eaux
    Aux eaux du lac que je domine.

Toi surtout, si petit qu'à peine je te vois,
    Au milieu des herbes fleuries,
Toi que j'eusse ignoré, si ta bruyante voix
    N'eût attiré mes rêveries.

Tu t'enfuis en chantant, et, plus joyeux qu'un roi
    (Si les rois sont joyeux encore),
Tu cours et tu bondis, entraînant avec toi
    Le caillou brillant et sonore.

Où vas-tu? Vers ce lac, dont les flots sont d'azur,
    Dont les rives sont embaumées,
Les horizons lointains; où l'air est calme et pur;
    Où sont les îles Borromées?

Je comprends : sa beauté comme moi te séduit,
    Tu voudrais, de près, la connaître?
Non... ce n'est pas cela... l'orgueil seul te conduit,
    Et déjà tu te dis, peut-être :

« J'étais petit ruisseau, je veux être à mon tour,
    « Grand lac, et puis... la mer immense;
« Car les eaux de ce lac s'y mêleront un jour;
    « J'aurai donc un jour la puissance! »

Mais non, tu n'auras rien, et tu ne seras plus
    Qu'une goutte d'eau dans l'espace,
Qu'un atome emporté par les flux et reflux,
    Et dont nul ne saura la place.

Ici l'on te connaît; l'insecte voyageur
    Cherche ton onde solitaire;
La fleur, en s'éveillant, aspire sa fraîcheur;
    L'oiseau voisin s'y désaltéré.

Ton domaine est petit; mais là sont tes amis;
    Là d'ailleurs tu vaux davantage;
Là tu fais quelque bien; reste où le ciel t'a mis,
    C'est le meilleur et le plus sage.

Hélas! tu ne le peux; il faut suivre ton cours,
    Suivre la force qui t'entraîne,
Courir vers la vallée; et descendre toujours,
    Comme nous, sur la pente humaine!

Peut-être quelque jour, après avoir longtemps
    Flotté de rivage en rivage,
En vapeur transformé, des lointains océans
    Tu reviendras sur cette plage.

Ainsi notre âme, enfin libre du corps mortel
    Qui l'enchaînait à cette vie,
Reprenant, comme toi, son essor vers le ciel,
    Retournera dans sa patrie.

A UNE JEUNE FILLE.

Flos aliger.

D'amour entourée,
Heureuse et parée
De vos dix-huit ans,
Blonde jeune fille
Dont la beauté brille
Près de vos parents ;
Dans votre famille
Restez, jeune fille,
Encore un printemps !

Quand, folle et rieuse,
Vous courez, joyeuse,

Et quand votre voix,
Doux chant d'alouette
Que l'écho répète,
Anime les bois;
Tout, dans la nature
Plus fraîche et plus pure,
Sourit à la fois.

Que l'archet résonne,
Votre pied frissonne
Dans son blanc soulier;
Votre taille fine
Se cambre ou s'incline
Comme un peuplier;
Chacun vous convie
Et, tout bas, envie
Votre cavalier!

Mon regard s'enivre
Alors à vous suivre,
Plaisir triste et doux;
Car, dans mon ivresse,
Du bras qui vous presse

Le mien est jaloux ;
Et ma pauvre tête
Déjà s'inquiète,
Et tourne avec vous.

Votre chevelure,
Changeante parure,
Opulent trésor,
En bandeaux se dresse,
S'enroule ou se tresse,
Ou plus simple encor,
Sur un cou de neige
Qu'elle orne et protége
Retombe en flots d'or.

Partout où vous êtes
Je ne vois que fêtes
Et bonheur sans fin.
De votre personne
Émane et rayonne
Un éclat divin,
Brillante auréole
Qui charme et console
Le plus noir chagrin.

Mais, à peine éclose,
S'effeuille la rose.
Déjà, loin de nous,
L'hymen vous réclame.
Quand vous serez femme,
Hélas ! votre époux
Saura-t-il comprendre
Cette âme si tendre
Ce regard si doux?

Peut-être sera-ce
Un homme sans grâce,
Sans amour, sans foi,
Un cœur prosaïque,
Un être sceptique
Et n'aimant que soi,
Dont votre innocence,
Riche d'espérance,
Subira la loi.

D'amour entourée,
Heureuse et parée
De vos dix-huit ans,
Blonde jeune fille

Dont la beauté brille
Près de vos parents;
Dans votre famille
Restez, jeune fille,
Encore un printemps!

L'AMOUR DU FOYER.

On croit souvent que les oiseaux
Qui suivent le cours des ruisseaux
Avec les vertes demoiselles,
Ou qui, perchés dans les grands bois,
Font entendre leurs douces voix,
Aussi légères que leurs ailes ;

On croit que les petits grillons,
Que les volages papillons,
Que le poisson au sein de l'onde,
Errant, au gré de leur désir,
Cherchent leur proie ou leur plaisir,
Sans se fixer dans ce bas monde.

On croit que tout est bon pour eux,
Que, voyageurs aventureux
Et n'écoutant que leur envie,
Ils se contentent, chaque nuit,
Du premier gîte où les conduit
Le hasard qui règle leur vie.

Non, ne croyez pas que l'oiseau,
Que le poisson, le vermisseau,
Ou que toute autre créature,
Ne subissant aucune loi,
N'ait pas sa place ainsi que moi,
Et ses devoirs dans la nature.

Je connais un petit pinson,
Il loge auprès de la maison;
Un vieux tilleul est sa demeure :
Il est exact à ses repas,
Du logis ne s'écarte pas;
Pour chaque chose il a son heure.

Tous les matins, à ses enfants,
Il donne leur leçon de chants,
Quand le temps vient d'entrer en classe.

Tous ses airs (je les ai comptés),
Par chacun d'eux sont répétés ;
Puis ensuite il se met en chasse.

Un roitelet, de mes amis,
Auprès de qui je suis admis
Lorsque, le soir, je me promène,
Vit doucement, à sa façon,
Depuis trois ans, sur un buisson,
Sans désirer d'autre domaine.

Le martinet, dont, à Paris,
Nous entendons souvent les cris,
Sans rien comprendre à ses paroles,
A l'angle des mêmes pignons,
Avec les mêmes compagnons,
Tourne et poursuit ses courses folles.

Les corbeaux, sur les grands sapins,
Dans leurs terriers, les gais lapins,
Ont tous aussi leur domicile ;
Et, des lointains pays, l'oiseau
Revient toujours au doux berceau
Qui, le premier, fut son asile.

Louèche.

AUX EAUX.

Vous voulez que je vous décrive
(Et par malheur je l'ai promis)
Le nouveau pays où j'arrive,
Triste, souffrant et sans amis.

Je ne suis plus à l'heureux âge
Où la vie est un long bonheur,
Où tout est beau dans le voyage,
Où l'on ne voit que par le cœur.

Je suis à l'âge raisonnable
Où l'on voit, hélas! par les yeux;
Ce n'est pas toujours agréable,
Mais il paraît qu'on y voit mieux.

J'obéis donc, et, par avance,
Je vous préviens que mon tableau,
Sans vanité, sera, je pense,
Fidèle au moins, s'il n'est pas beau.

*

* *

Au fond d'une sombre vallée
Dont les bains ont fait le renom,
Dans une gorge désolée,
Vous trouvez Louèche... affreux nom !

C'est un amas des plus maussades,
De blancs hôtels, de noirs chalets,
Encombrés de tristes malades,
Et peuplés d'habitants fort laids.

Sa misère est partout profonde,
Lugubre même; et l'on dirait
Qu'on y vit séquestré du monde,
Enfermé, comme au Lazaret.

Tout semble mort dans la nature,
Tout est glacé. L'on n'entend, là,
Que l'éternel et sourd murmure
Du froid torrent de la Dâla.

Les oiseaux, gaîté des campagnes,
Charme des bois mélodieux,
Craignant l'ennui de ces montagnes,
Pour toujours ont quitté ces lieux.

Aussi le cœur plein de tristesse,
D'amers soucis, et de regrets,
Voulais-je, hélas! je le confesse,
Faire comme eux, deux jours après.

***

Deux jours après... vous le dirai-je!
Oui, car je m'y suis engagé;
Je ne sais par quel sortilége,
Tout à mes yeux avait changé.

Les rochers me semblaient moins sombres,
L'air plus doux, les prés plus fleuris,
Loin de moi s'écartaient les ombres,
Et j'oubliais enfin Paris.

A défaut du chant des fauvettes,
Des cris joyeux du roitelet,
J'entendais sonner les clochettes
Des troupeaux rentrant au chalet.

Aux plus hauts sommets élancée,
Où nul pied n'est encor venu,
J'aimais à laisser ma pensée
Se promener dans l'inconnu ;

A regarder les caravanes
Gravir, en tremblant à demi,
Sur leurs montures valaisanes,
Le Torrenthorn, et la Gemmi.

Souvent, au fond du paysage,
Je croyais voir, sur le glacier,
S'élancer un troupeau sauvage
De chamois, aux membres d'acier.

Seul, je n'étais plus solitaire ;
Le ciel reprenait son azur ;
Je croyais au bien sur la terre ;
Tout me semblait et calme et pur.

***

D'où venait la métamorphose?
D'où vient que tout me plaît ici,
Que je souris à toute chose,
Que l'horizon s'est éclairci?

Dans cette gorge désolée
C'est qu'à mes yeux s'était offert
Un lys, brillant dans la vallée,
Un ange au milieu du désert.

LE POINT NOIR.

> Invidiâ diaboli mors introivit in orbem
> terrarum.
> (SALOMON. — *La Sagesse.*)

A Cologne, autrefois, vers l'an quatorze cent,
Vivait un vieux docteur, d'assez maigre apparence.
Chétif et mal venu, le regard languissant,
Le front pâle et les traits flétris par la souffrance,
Il habitait, tout seul, une triste maison,
Dans un quartier désert, près de la cathédrale.
La porte à gros verrous, les marches en spirale,
Lui donnaient, au dehors, l'aspect d'une prison ;
Puis, quand on pénétrait, par un corridor sombre,
Dans l'antre du docteur, ainsi qu'on l'appelait,
Au milieu d'instruments et de livres sans nombre,
On le trouvait assis : toujours il travaillait,

Méditait, écrivait; ou bien, quittant la plume,
Feuilletait ardemment maint et maint gros volume,
Lisait le Grand-Albert, Roger Bâcon, Zaël,
Le vieil Hortulanus, et Nicolas Flamel;
Compulsait le Talmud, les livres hermétiques,
La Gnose, la Cabale, ou les œuvres mystiques;
Et prenant, tour à tour, l'un et l'autre bouquin,
Passait de Raymond Lulle à saint Thomas d'Aquin.

Mais quand sonnait minuit, quand les oiseaux funèbres
De leur cri monotone effrayaient les ténèbres,
Seul, d'un manteau couvert, un couteau dans la main,
Du charnier de la ville il prenait le chemin;
Errait au fond des bois, au milieu des bruyères,
Près des étangs maudits, hantés par les sorcières;
Rôdait jusqu'au matin; et, quand pointait le jour,
Regagnait lentement son lugubre séjour,
Les cheveux hérissés, les pieds couverts de fange.
Ses yeux brillaient alors d'une lueur étrange.
Ceux qui le rencontraient tremblaient de trépasser,
Et tous les chiens hurlaient, en le sentant passer.

Rentré dans son logis comme un oiseau nocturne,
Il demeurait d'abord pensif et taciturne;

S'asseyait lourdement sur un pauvre escabeau ;
Puis, dans un vieux bahut, où perchait un corbeau
Auprès d'un gros chat noir qui s'étalait sans gêne,
Déposait un amas confus, hétérogène,
De maints objets divers, venant on ne sait d'où,
Entassés dans un sac qui pendait à son cou.
C'étaient des végétaux, des fleurs fluviatiles,
Des graines, des poissons, des sauriens, des reptiles,
Des insectes sans nombre ou rampants ou volants,
Et de petits oiseaux entre ses doigts tremblants.
On disait que, parfois, quand la lune était pleine,
On le voyait porter, sous son manteau de laine,
Un lourd fardeau, rigide, insensible à la main,
Et que ce corps inerte était un corps humain.

Après avoir longtemps médité, d'un air grave,
Comme un songeur profond ou comme un vieux burgrave
Dans son triste donjon du Danube ou du Rhin,
Il quittait tout à coup son visage d'airain :
Son œil s'illuminait d'une clarté subite,
Sa prunelle, en brillant, dilatait son orbite,
Et, malgré sa laideur, image du tombeau,
On eût dit, à le voir, que cet homme était beau.

Il se levait alors, étendait sur la table,
Du butin de la nuit l'amas inextricable,
Séparait chaque objet dont il faisait l'appel,
Choisissait l'un d'entre eux, et, s'armant d'un scalpel,
Taillait, ouvrait, fouillait, d'une main ferme et lente,
Le mollusque ou l'oiseau, le reptile ou la plante.
Lorsqu'il en avait mis l'intérieur à nu,
Il semblait y chercher quelque sombre inconnu,
Quelque cause ignorée, un de ces grands arcanes
Qu'interdit la nature à nos regards profanes.

Que cherchait-il ainsi, dans son obscur manoir,
Toujours seul et pensif? Il cherchait le point noir,
Espérait le trouver, et rêvait l'impossible.
Cet espoir insensé lui venait de la Bible.
Dans le livre fameux du grand roi Salomon,
Puis aussi dans saint Paul, il avait lu, dit-on,
Que Dieu n'avait pas fait la mort, dans l'origine;
Qu'il avait tout créé pour que l'œuvre divine,
Jouissant sous ses yeux d'un bonheur éternel,
Subsistât sans douleur et n'eût rien de mortel.
Pendant les premiers temps de cette vie austère,
Le règne des enfers n'était point sur la terre :
Tous les êtres vivants, l'homme et les animaux,

Respiraient un air pur, sans connaître de maux ;
Mais, à ce long bonheur, brûlant de mettre un terme,
Le diable, de la mort, inocula le germe,
Le cacha dans la fleur, dans l'homme et l'animal,
Et partout, dans le monde, introduisit le mal,
Qui, toujours grandissant comme l'arbre en sa séve,
Porte ses fruits amers, depuis la chute d'Ève.
Ce n'était donc pas Dieu qui, d'après Salomon,
Avait créé la mort, non : c'était le démon ;
C'était l'esprit de ruse, et d'envie et de haine,
Qui la faisait peser sur la nature humaine.
Avec saint Paul, enfin, le docteur prétendait
Que la mort était l'œuf que le mal fécondait.

De ce germe fatal, dont il cherchait la trace,
Il ne s'agissait donc que de trouver la place ;
Et l'on devait alors (il en avait la foi)
Extirper le point noir que chacun porte en soi ;
Supprimer de la mort la source originelle,
Et rendre la nature à la vie éternelle.
Mais où trouver ce point, ce venin destructeur,
Ce fléau dont Satan, lui seul, était l'auteur ?
Sous quels replis cachés, auprès de quelle artère,
Avait-il déposé ce germe délétère ?

Était-il près du cœur, dont chaque battement
De notre dernière heure avance le moment?
Était-il dans nos flancs, dans le foie ou la rate,
Ou bien dans les poumons, ou bien sous l'omoplate?

Tel était le secret qu'après plus de vingt ans
Poursuivait, nuit et jour, de travaux incessants,
Ce rêveur insensé : lorsqu'un soir de décembre
On le vit tout à coup s'agiter dans sa chambre.
Minuit sonnait alors, chacun le remarqua.
Trois fois on l'entendit s'écrier : *Eurêka !*
Et peu d'instants après pousser un cri terrible;
Puis l'orage éclata. La nuit devint horrible;
Et jusqu'au point du jour d'affreux miaulements
Se mêlèrent dans l'ombre à des croassements.

Le lendemain matin, quand la vieille servante
Vint au pauvre docteur apporter son repas,
On la vit, tout à coup, reculer d'épouvante,
Et, les yeux égarés, redescendre à grands pas.
Un spectacle effrayant, une horreur imprévue,
Dès l'abord, en entrant, avaient frappé sa vue :
Étendu sur le sol, tout maculé de sang,
Livide, inanimé, son maître était gisant,

A côté du scalpel dont sa main ferme et sûre
S'était fait, dans le flanc, une large blessure.
Dans la ville aussitôt se répandit le bruit
Qu'un meurtre épouvantable avait eu lieu la nuit,
Qu'il était entouré du plus sombre mystère.
Chacun de faire alors maint et maint commentaire :
L'un disait que, croyant qu'il fabriquait de l'or,
On l'avait poignardé pour prendre son trésor.
Un autre prétendait (c'était l'avis des femmes)
Qu'il avait, dès longtemps, fait des pactes infâmes,
Vendu son âme au diable, et que, dans son manoir,
Satan était venu, sous les traits d'un chat noir,
Lui réclamer le prix de ses travaux funèbres,
Et l'avait, d'un seul coup, plongé dans les ténèbres.
Le fait est que, depuis qu'on était accouru,
Son chat et son corbeau n'avaient plus reparu.

**

Voilà l'histoire enfin, ou plutôt la légende
Que l'on conte, à Cologne, à bien d'autres qu'à moi !
Je la rapporte ici, mais, au fond, j'appréhende
Que personne aujourd'hui n'y veuille ajouter foi ;

Et pourtant, de nos jours, nous voyons des spirites,
Dans ce siècle douteur, affirmer bravement,
Que Satan, en personne, et ses noirs acolytes
Viennent, à leur appel, répondre ingénument.
On ne sait trop pourquoi, pour quel sombre mystère,
Ces messieurs, qui pourraient beaucoup mieux se loger,
Choisissent pour hôtel, en descendant sur terre,
Un pied de guéridon ou de table à manger.
Ce goût n'est pas nouveau, car Segrais nous raconte
Qu'on voyait, de son temps, une chaise danser,
Qu'un démon l'habitait, et que, sans nulle honte,
Il daignait, avec elle, au plafond s'élancer.
Dans la Grèce, autrefois, la Pythie, en extase,
Montait sur un trépied pour rendre ses arrêts.
C'est le trépied lui-même aujourd'hui qui, sans phrase,
Nous parle en s'agitant... nous sommes en progrès.
Quant à moi, j'en conviens, pour être véridique,
Je n'ai jamais pu voir se dresser une fois
Le moindre meuble, hélas! et nul pied fatidique
Ne s'est jamais levé, pour répondre à ma voix.

. . . .

Peu m'importe au surplus! Ce que j'en veux conclure
C'est que l'on a pu croire, en l'an quatorze cent,

Que d'un chat le démon avait pris l'encolure,
Puisque dans une table il se loge à présent.

Eh! non, non, ce n'est pas, insensés que vous êtes,
Ce n'est pas là qu'il vient lorsqu'il veut vous tenter!
C'est au fond de nos cœurs, c'est dans nos pauvres têtes,
Que le malin esprit vient alors habiter;
C'est là que, pour troubler le repos de notre âme,
Il fait entrer l'orgueil, le jeu, l'ambition,
Les désirs effrénés, dont l'ardeur nous enflamme,
Et qu'il nous pousse ainsi vers la destruction;
C'est là qu'il accomplit sa terrible besogne;
Là qu'il dit à Macbeth : Un jour tu seras roi!

Le point noir, que cherchait le docteur de Cologne,
Il existe en effet, chacun le porte en soi.

UNE QUESTION INDISCRÈTE.

Je ne connais rien de plus ridicule,
De plus mauvais goût, de plus indiscret,
Que de demander sans aucun scrupule,
Son âge à quelqu'un : c'est là son secret.

C'est ce que pourtant chacun fait sans cause,
Sans but ni raison : à quoi donc sert-il
De s'entretenir ainsi d'une chose
Qui de nos destins nous montre le fil?

Le fil dont toujours la fin nous menace,
Car, que nous soyons grands, petits ou rois,
Des funèbres sœurs le trio tenace
N'arrêta jamais ses terribles doigts.

L'écheveau fatal toujours se dévide,
S'épuise.... et, demain, des bois, des forêts
Que plantait hier notre main avide,
Nous n'aurons, hélas! que quelques cyprès.

Que j'aime bien mieux l'heureuse ignorance
De l'Arabe obscur, vivant sans savoir
Le jour bien précis qui vit sa naissance,
Et l'âge environ qu'il peut bien avoir!

Fumant son chibouck, ou, sur sa cavale,
Si parfois il vient à compter ses jours,
C'est par les baisers de mainte rivale,
C'est par ses combats, c'est par ses amours;

C'est par ses dangers dans l'horrible enceinte
Du vaste désert, de son sang rougi;
C'est par son retour de la ville sainte
Qui lui mérita le titre d'Hadji.

De son âge au moins nul n'est à la piste,
Ses jours ne sont pas comptés par la loi,
Qui ne lui dit point comme le trappiste,
« Du moment fatal, frère, souviens-toi. »

Est-il donc si gai, lorsqu'ainsi tout passe,
D'éveiller toujours un tel souvenir,
Et de mesurer à chacun l'espace
Qui lui reste encore, avant d'en finir ;

De faire penser peut-être à madame,
Un jour de printemps, ou le soir d'un bal,
Que, vu sa longueur, avant peu sa trame
Pourrait bien toucher au ciseau fatal ;

De dire à monsieur qu'avec la dizaine
Dans laquelle il vient d'entrer, grâce à Dieu,
A certains désirs dont son âme est pleine,
A certain espoir, il doit dire adieu ;

Que les rêves d'or de la jeune fille,
Son premier soupir, bonheur des élus,
Que ce cœur qui bat, ce regard qui brille,
Maintenant, pour lui, tout cela n'est plus ?

Eh ! mon Dieu, laissons au temps qui moissonne,
Qui jamais, hélas ! lorsqu'il faut partir,
Des partants inscrits n'oublia personne,
Laissons-lui le soin de nous avertir.

Le premier regret traversant notre âme,
Le premier retour vers les jours passés,
Le premier amour, la première flamme,
Au vent de l'oubli déjà dispersés ;

De moins doux regards, privés de tendresses,
Une ride au front, et souvent au cœur,
Quelques fils d'argent dans de blondes tresses,
Éveillant parfois un souris moqueur ;

Hélas! tout cela n'est-il pas l'indice
Que le bonheur fuit, que nous vieillissons ?
S'il faut qu'ici-bas la loi s'accomplisse,
Tâchons d'oublier que nous finissons.

VENISE.

Le temps n'est plus où le Doge,
Sous la pourpre de sa toge,
Du haut du vaisseau ducal,
A la mer Adriatique,
Comme un époux magnifique,
Jetait l'anneau conjugal.

Le temps n'est plus où Bordone,
Bellini, Palma, Giorgione
Que le soleil inspirait,
Où le Titien, leur maître,
Et vous, ses égaux peut-être,
Véronèse et Tintoret,

Où ces divins coloristes,
Où sculpteurs et mosaïstes,
Zuccato, Gaëtano,
De leurs œuvres magistrales,
Décoraient les cathédrales
Qu'élevait Sansovino.

Mais si ta gloire est passée,
Et ta puissance effacée,
Venise, il t'en reste encor
Un rayonnement limpide,
Comme après un jour splendide
Le soir a des reflets d'or.

Ce qu'en toi toujours on aime,
C'est ta beauté, c'est toi-même,
Ton air pur et ton soleil ;
C'est au loin, sur la lagune,
Un de ces beaux clairs de lune
Dont le charme est sans pareil.

C'est le bruit de la gondole
Qui, dans l'ombre, glisse et vole
Sur les flots harmonieux,

Et s'éloigne de la grève,
Emportant quelque doux rêve,
Quelque amour mystérieux.

Sous leurs chapeaux de bergères,
Ce sont tes filles légères
Du Frioul et du Tyrol,
Puisant l'eau de tes fontaines,
Ou courant, leurs urnes pleines,
Sans presque effleurer le sol.

Ce sont tes palais moresques,
Tes souvenirs romanesques
Des Foscari, d'Othello,
De Catterina la reine,
Et de cette autre sirène,
Donna Bianca Capello.

C'est enfin la noble place
De Saint-Marc, que rien n'efface,
C'est le concert éternel
De ce salon de Venise
Que vient rafraîchir la brise,
Et dont la voûte est le ciel.

VERECUNDIA.

Rien n'est plus impossible à la science humaine :
Les cieux lui sont ouverts, le monde est son domaine ;
Elle explique et voit tout : sa puissante raison
Recule incessamment notre étroit horizon.
Elle plie à ses lois l'agent le plus terrible,
La foudre, et lui confie un message invisible
Qui, courant sous les eaux ou traversant les airs,
Transporte la pensée au bout de l'univers.
Avec elle, il n'est rien qu'aujourd'hui l'on ne fasse :
Dans un vase brûlant on produit de la glace ;
On sème les poissons, on invente des fleurs ;
En des rêves dorés on change nos douleurs ;
On pèse le soleil, on arpente la lune,

On décrit ses volcans, on mesure une à une
Ses montagnes; l'on sait, depuis déjà longtemps,
Qu'elle est un monde éteint, et n'a plus d'habitants.
Des célestes secrets on écarte les voiles;
Dans l'espace infini l'on compte les étoiles;
Des astres voyageurs on prédit le retour;
Après plus de mille ans on en fixe le jour;
Et poursuivant son cours, mystérieux comme elle,
Au rendez-vous donné, la comète est fidèle.

Tout cela c'est fort bien : sans doute il est charmant,
Pour un vieux diplomate ou pour un jeune amant,
De pouvoir, du plus loin de nos deux hémisphères,
Causer, tous les matins, de ses propres affaires.
C'est aussi, je l'avoue, un honneur sans pareil
Que d'avoir aujourd'hui, pour peintre, le soleil,
A nos vœux désormais obligé de se rendre,
Comme autrefois Apelle aux ordres d'Alexandre;
Et l'on aime à penser qu'un rayon, tout exprès,
Va descendre du ciel pour dessiner nos traits.
C'est flatteur, j'en conviens, merveilleux, admirable!
Pour beaucoup moins, jadis, on vous croyait le diable,
Et l'on vous brûlait vif. Mais vous, vous dont les yeux
Lisent distinctement dans le livre des cieux,

Vous qui comprenez tout, qui savez tout prédire,
Vous, messieurs les savants, pourriez-vous bien me dire
D'où vient qu'un simple mot, ou d'amour ou d'affront,
Fait battre notre cœur et rougir notre front?
Comment un souvenir, que le cerveau renferme,
Fait refluer le sang jusques à l'épiderme?

L'analyse à la main, pour démontrer alors
Par quels secrets moyens l'âme agit sur le corps,
Vous allez m'expliquer comment le sang circule,
Passe de l'oreillette au premier ventricule,
Parvient jusqu'aux poumons, y reprend sa vigueur,
De rameaux en rameaux retourne vers le cœur,
Est poussé dans l'aorte; et là, plein d'énergie,
Redonne à tout notre être et la force et la vie.

Grand merci! me voilà, grâce à vous, bien savant!
Je n'en suis pourtant pas plus fort qu'auparavant.
Ce sont là des effets; mais la cause, la cause?
Vous l'ignorez, ainsi que de mainte autre chose;
Et tout cela, messieurs, ne me dit pas pourquoi
L'incarnat sur mon front se répand malgré moi,
S'éveille au moindre choc dont mon âme est blessée,
Et trahit, l'indiscret, trop souvent ma pensée.

Oui, car j'ai toujours eu, dès mes plus jeunes ans,
Aux troubles pudibonds d'invincibles penchants.
Enfant, je rougissais, lorsque ma pauvre mère,
Si bonne, me parlait d'une voix plus sévère.
Puis lorsque, grandissant, je devins peu à peu
Jeune homme, et que mon sang brûla d'un nouveau feu,
Souvent, souvent alors une simple parole,
Un sourire, un regard, ou la blanche auréole
De quelque doux fantôme, hélas! évanoui,
Inondaient de rougeur mon visage ébloui.
Heureux âge, où du moins ma rencontre imprévue
Pouvait troubler aussi quelque vierge à ma vue!
J'aimais à prolonger son charmant embarras
Qui soudain colorait et sa joue et ses bras,
Et qui, l'enveloppant d'une pudeur divine,
Semblait un tendre aveu de son âme enfantine.
Heureux temps! mais déjà pour toujours il a fui.
La beauté, sans rougir, me contemple aujourd'hui,
M'attire aux doux rayons de son regard limpide:
Et moi, pauvre innocent que son œil intimide,
Je me surprends encor m'abusant quelquefois
A son joyeux sourire, aux douceurs de sa voix;
Jusqu'au moment enfin où, devenu plus sage,
Je comprends, mais trop tard, que ce charmant visage,

Que ces airs gracieux, ces doux épanchements,
Sont donnés à l'hiver et non pas au printemps;
Et, rougissant alors de mon triste mécompte,
De ce rêve égaré je n'ai plus que la honte.

Vichy.

LE MATIN ET LE SOIR.

L'abeille
S'éveille;
Les bois
Frémissent,
S'emplissent
De voix.

Tout quitte
Son gîte,
Son nid,
Trottine,
Butine,
S'unit.

Tremblante,
La plante,
En pleurs,
Entr'ouvre,
Découvre
Ses fleurs.

Des sectes
D'insectes
Pourprés
Bourdonnent,
Sillonnent
Les prés.

Tout brille,
Babille :
L'amour
Appelle
Revèle
Le jour.

⁎

Tout passe,
Se lasse ;
Les chants
S'apaisent,
Se taisent
Aux champs.

Bien sombres,
Des ombres
Sans voix,
S'étendent,
Descendent
Des bois.

Campagne,
Montagne,
Manoir,
S'éteignent,
Se teignent
De noir.

Fantômes
Et gnomes
D'enfer,

S'élancent
Et dansent
Dans l'air.

Ensemble
Tout tremble,
Tout fuit.
Silence!
S'avance
La nuit.

NÉALA.

Rose et si fraîche hier, aujourd'hui la voilà
Toute pâle, sans mal, la douce Néala!
Dès le matin elle est et nonchalante et lasse;
Sa taille, que toujours un blanc corset enlace,
Ne peut plus supporter son étroite prison.
Qu'a-t-elle? Elle est pourtant heureuse à la maison.
Ce n'est point un amant qui l'occupe et l'enchaîne :
Un amant à son âge!... elle a douze ans à peine.
Est-ce quelque chagrin? Tout succède à ses vœux;
Elle n'a d'autre soin que celui de ses jeux,
Mais ses jeux maintenant ont cessé de lui plaire.
Quelquefois, en pleurant, dans les bras de sa mère
Elle se jette, et puis s'en éloigne aussitôt,

Revient, l'embrasse encore, et pour le moindre mot
Rougit. Sa mère alors tendrement la rassure,
Essuie, en l'embrassant, les pleurs sur sa figure;
La prend sur ses genoux, caresse ses cheveux,
Ouvre son cœur naïf à d'innocents aveux;
Et, reprenant bientôt la gaîté de l'enfance,
A courir et chanter Néala recommence.

Depuis ce jour, pourtant, son humeur a changé,
Son visage a maigri, son corps s'est allongé,
Ses yeux sont incertains, sa démarche sans grâce :
De ses deux bras pendants la longueur l'embarrasse,
Et c'est à peine enfin si l'on reconnaîtrait
L'enfant, si fraîche hier, que chacun admirait.

Son jeune compagnon, un peu plus âgé qu'elle,
S'étonne de la voir et moins douce et moins belle,
La trouve indifférente à leurs jeux enfantins,
S'irrite de ses airs fantasques et mutins,
Et, ne comprenant rien au mal qui la possède,
S'en éloigne, en disant qu'elle est méchante et laide.

Elle est laide, en effet; laide n'est pas assez,
Elle est affreuse! Mais trois ans se sont passés,

Et pendant ces trois ans, pour former son jeune âge,
Voguant de mer en mer, de rivage en rivage,
Le blond adolescent a, loin de la maison,
Vu croître sa moustache et mûrir sa raison.
Il revient; et son cœur, attendri par l'absence,
Vers le foyer natal, paradis de l'enfance,
Vers ses jeunes amis, ses bonheurs d'autrefois,
Vers les sentiers connus des plaines et des bois,
L'entraîne. Un souvenir, sorti de sa mémoire,
Y rentre aussi, mais triste et teint de couleur noire :
Il pense à cette enfant dont l'étrange regard
Et l'inconstante humeur, au temps de son départ,
L'effrayaient. Il voudrait, et ce désir l'obsède,
La revoir, mais il craint de la trouver plus laide.

Un soir que, dans un bal resplendissant, joyeux,
Il ouvrait au plaisir et son cœur et ses yeux,
Quelqu'un, en lui montrant l'une des jeunes filles
Qui dansaient mollement au milieu des quadrilles,
Lui dit : « Vous vouliez voir la jeune Néala?
Eh bien, elle est ici, regardez : la voilà! »
Et son doigt désignait l'adorable figure
D'un ange aux cheveux d'or, céleste créature,
Dont chacun contemplait, avec des yeux charmés,

Les traits, par le plaisir doucement animés,
L'air ému, le front pur, la taille souple et fine,
Le souris virginal et la grâce divine.
Son compagnon d'enfance en demeure ébloui.
« Eh! quoi, c'est Néala?... c'est Néala? » — « Mais oui,
« C'est elle; et sa douceur, sa bonté sans pareille,
« Son esprit, ses talents en font une merveille. »
Le jeune homme étonné la regarde... il voudrait
L'aborder, mais il sent que son cœur faillirait.
Néala cependant l'attire et l'encourage,
Se plaît à lui parler du temps de leur jeune âge,
De leurs petits débats, de leurs jeux d'autrefois,
Et l'enivre aux accents de sa touchante voix,
Il se trouble, il hésite... et, la voyant si belle,
C'est lui qui maintenant tremble et rougit près d'elle.

Depuis cet heureux jour, un ciel plus radieux
Sourit à son réveil et brille dans ses yeux;
Il aime!... Autour de lui tout est joie et tendresses,
Sa généreuse main se prodigue en largesses.
Il aime!... Mais comment, comment donc, en effet,
Un si grand changement, en trois ans, s'est-il fait?
Comment la triste enfant, si laide et si mutine,
Est-elle devenue une vierge divine;

Pareille à ces beautés que le doux Raphaël
Sur sa toile, autrefois, fit descendre du ciel ?
D'où vient qu'un sang plus pur, en colorant ses veines,
A fait battre son cœur d'émotions soudaines?
Par quel miracle enfin ses traits inanimés,
En des traits enchanteurs se sont-ils transformés?

Eh! savons-nous comment l'inerte chrysalide
Se transforme, au printemps, en papillon splendide;
Échange son linceul pour de riches couleurs;
Après avoir rampé voltige sur les fleurs,
Et, vivant du parfum des lilas et des roses,
Semble aussi s'étonner de ses métamorphoses!

LES FLEURS ANIMÉES.

La Scabieuse est une veuve,
Mais une veuve en demi-deuil,
Dont l'âme, encor sensible et neuve,
D'un autre amour est sur le seuil.

Le Coquelicot, fleur criarde,
Au milieu des épis mouvants,
Est la rouge et forte poissarde
Ouvrant sa robe à tous les vents.

Le Bluet toujours me rappelle
La jeune femme aux beaux yeux bleus.
Il est discret et doux comme elle,
Et se plaît dans ses blonds cheveux.

Avec sa blanche collerette,
Qui nous fait des aveux touchants,
La sémillante Pâquerette
Est la simple fille des champs.

Le Bouton d'or est au contraire
La demoiselle aux fins atours,
Qui, s'efforçant toujours de plaire,
Croit que l'on doit l'aimer toujours.

L'Iris est la grande coquette,
Aux parfums pleins de volupté;
Et, dans les bois, la Violette
Est la pure et chaste beauté.

LA HAINE.

> Ceux qui me contraignent ne peuvent
> rien sur moy, parce que je sçay mourir.
> (BERNARD PALISSY.)

LE MAÎTRE.

Je te pardonne, esclave, et veux bien oublier
Ta faute. Allons, va-t'en, je t'ai fait délier :
Te voilà libre, va, retourne à ton ouvrage;
C'est le temps des moissons, travaille avec courage,
Je veux bien, cette fois, être clément et doux.

L'ESCLAVE.

Toi, sentir la pitié! toi, retenir tes coups!
A-t-on vu quelquefois le tigre ou la panthère
Auprès de sa victime oublier sa colère,

Et les hideux serpents, de leur venin remplis,
Dérouler par pitié leurs terribles replis?
Non, non, je te hais trop pour croire à ta clémence.
Où la haine finit, l'éternité commence.
Bien souvent même encore, au delà du tombeau,
Cette pâle furie agite son flambeau,
Évoque au sein des nuits un souvenir funeste,
Redit à notre oreille un nom que l'on déteste,
Et nous sentons alors dans nos cœurs palpitants
Un feu que rien n'éteint, ni la mort ni le temps.
Tu me tiens dans ta main; va, poursuis ta vengeance;
Va, tu n'aurais de moi ni pitié ni clémence!
Je te hais, je te hais, car c'est toi qui m'as pris
Le seul bien qui sur terre avait pour moi du prix,
Le plus pur de mon sang, le trésor de mon âme,
Mon enfant; et tu l'as, par un trafic infâme,
Et parce que ton corps est blanc et le mien noir,
Vendu... Tu l'as vendu, lui, lui, mon seul espoir!
Je te hais! et ce mot implacable et farouche
Soulage enfin mon cœur et sourit à ma bouche.
Je te hais, je te hais, toi l'auteur de mes maux,
Vendeur d'enfants!... impie!

                          En achevant ces mots,

Il s'élance, il bondit; et, de son bras robuste,
Ployant son ennemi comme on ploie un arbuste,
Il l'étend à ses pieds, le tient sous son genou,
L'y contemple avec joie, et, le frappant au cou,
L'égorge.

    L'on accourt, on saisit le coupable,
Non sans trembler d'abord, car on le croit capable
De tout. On le garrotte, on l'entraîne... mais lui,
Dont l'œil, un seul instant, comme un éclair a lui,
Souriant tristement à leur crainte inutile,
Calme, le front serein, marche d'un pas tranquille.
On l'accable, à l'envi, d'injures et de coups,
Sans qu'il laisse entrevoir ni haine ni courroux.
Il est heureux, content; et son regard rayonne
Dans le cachot obscur où la loi l'emprisonne.

A quelques jours de là, le pauvre condamné,
Toujours calme et tranquille, au supplice est mené.
Supplice affreux, horrible, effroyable torture
Qu'il attend sans trembler, qu'il brave et qu'il endure,
Sans qu'un seul mot, un cri, de sa lèvre échappé,
Trahisse la douleur du coup qui l'a frappé.
Puis, quand son corps meurtri que consumait la flamme

S'affaissa lentement, et lorsqu'enfin son âme,
Resplendissante encor de l'amour paternel,
Fut près de s'envoler vers son maître éternel,
Son visage un moment prit un aspect farouche,
En pensant à celui qu'il avait égorgé;
Et puis on entendit s'échapper de sa bouche
Ces mots: Pardon, mon Dieu!.. Mon fils!.. Je suis vengé

Servon.

L'HIRONDELLE.

Bonjour, ma belle hirondelle,
Toi qui, depuis trois printemps,
Sur l'angle de ma tourelle
Refais ton nid tous les ans;

Toi dont la vie éthérée,
Qui ne semble qu'un long vol,
Pour ses bienfaits révérée
Appartient à peine au sol!

Devant moi passe et repasse,
En saluant de ta voix
Chaque détour, chaque place
Que tu connus autrefois.

Ton aile, en passant, effleure
L'eau qui murmure à mes pieds,
Et trouble dans leur demeure
Ses habitants effrayés.

Mais dis-moi, belle hirondelle,
Dis-moi, toi qui te souviens,
Dis-moi, toi qui m'es fidèle,
De quel pays tu reviens.

As-tu, sur des eaux plus belles,
Sous un soleil plus brillant,
Trempé le bout de tes ailes
Dans les fleuves d'Orient?

Aux minarets de Médine,
De Maroc ou de Tunis,
D'Alger ou de Constantine,
As-tu suspendu tes nids?

Quelquefois plus indiscrète,
As-tu, malgré les verrous,
Pénétré dans la retraite
Qui ne s'ouvre qu'à l'époux;

Et, du fond de l'arabesque,
T'élançant sur le bassin,
As-tu surpris la Moresque
Dans les voluptés du bain ;

Ou, sur le seuil de sa chambre
Interdite à tous les yeux,
Parfumant de rose et d'ambre
Son corps souple et gracieux ;

Colorant sa jambe fine,
Et son bras d'anneaux orné,
Et sa paupière divine,
D'al-ka-hal et de henné?

Existence solitaire
Qui vit d'amour et de foi,
Et ne passe sur la terre
Que pour aimer comme toi !

Oh ! dis-moi, belle hirondelle,
Dis-moi, toi qui te souviens,
Dis-moi, toi qui m'es fidèle,
De quel pays tu reviens !

As-tu, pour trouver la place,
Le petit angle de mur,
Les quelques doigts de surface
Où ton nid fut en lieu sûr,

Traversé les vastes plaines
Du terrible Sahara,
Bravé les chaudes haleines
Que le simoun engendra;

Et là, sur quelque platane
De l'oasis au front vert,
As-tu vu la caravane
Cherchant le puits du désert;

Et les Bédouins intrépides,
Sur leurs chameaux inclinés,
Fuyant les sables arides
Que l'orage a déchaînés;

Ou s'avançant avec peine,
Sur ce sol inhabité,
Vers Ten-Boktoue, incertaine
Et redoutable cité?

Mais voilà que vers la plage,
D'où tu reviens en chantant,
Mon âme avec toi voyage
Et s'égare en t'écoutant;

Oui, la voilà qui s'élance
Vers Hippone, Alger, Guelma!
La voilà qui rêve et pense
Hélas! à ce qu'elle aima :

Aux aloès, aux lentisques,
Aux jasmins, aux citronniers,
Aux divines odalisques
Fumant sous les bananiers;

Aux doux yeux pleins de tendresse,
Et que je crois voir encor,
De la jeune mulâtresse
Apportant l'aiguière d'or!

Ravissantes rêveries!
Je revois le ciel riant,
Les palmiers et les prairies
Et les palais d'Orient.

Il me semble que ton aile,
Plus brillante ce matin,
M'apporte quelque étincelle
Du beau soleil africain;

Que ta molle cantilène
Et tes accords languissants
De la chanteuse indigène
Sont les plus tendres accents...

Dis-moi donc, belle hirondelle,
Dis-moi, toi qui te souviens,
Dis-moi, toi qui m'es fidèle,
De quel pays tu reviens!

Biarritz.

L'OCÉAN.

Qu'il est doux d'écouter, sous un abri paisible,
De la mer en courroux les sauvages refrains!
Qu'il est beau de la voir, écumante et terrible,
Se cabrer follement comme un coursier sans freins?

Souvent, à la façon de Tibulle ou d'Horace,
J'aime à suivre de loin de hardis matelots,
Quand, mollement couché, du haut de ma terrasse,
Je contemple un navire agité par les flots.

Puis lorsqu'il disparaît, ou quand ses formes vagues
Ne sont plus qu'un point noir sur le vaste horizon,
Ainsi que Cicéron, j'aime à compter les vagues
Dont les flux éternels confondent ma raison.

Mais si, tout un long jour, le ciel est sans nuage,
Si les bruits ont cessé sur le sable mouvant,
Si la mer, en mourant, vient caresser la plage,
J'appelle alors bientôt la tempête et le vent.

L'Océan furieux a des élans sublimes :
J'adore, en ses ébats, son horrible beauté,
Ses longs mugissements, et ses sombres abîmes
S'entr'ouvrant, sous mes yeux, dans leur immensité.

Admirable spectacle! insondable mystère!
Je vois enfin les eaux bondir et s'élancer ;
Et cette masse énorme, en roulant vers la terre,
D'un déluge nouveau paraît la menacer.

Mais j'y songe, ô mon Dieu!.. mes plaisirs sont infâmes,
Et, quand j'admire ici ce superbe géant,
Peut-être que là-bas des enfants et des femmes
Luttent contre la mort sur le gouffre béant.

Peut-être, en ce moment, chacun d'eux pleure et prie ;
Et, debout sur le pont, les pauvres naufragés
Lèvent les mains au ciel, en invoquant Marie,
Appui des malheureux, espoir des affligés.

Je me sens triste alors jusques au fond de l'âme,
Alors je ne vois plus partout, sur chaque flot,
Que morts et que mourants, hélas! et chaque lame
Semble, en venant vers moi, m'apporter un sanglot.

LA RIME.

> Carmina secessum scribentis
> et otia quærunt.

Pour rimer, moi j'ai besoin
    D'être loin
Du tumulte de la ville :
La rime ne m'est facile,
Qu'au grand air et sans témoin.

C'est le matin, dans les bois,
    Que la voix
D'un oiseau qui se réveille,
Qu'une fleur, ou qu'une abeille
M'ont inspiré bien des fois.

Le bruit lointain du torrent
      Murmurant,
Le doux parfum des prairies,
A de vagues rêveries
Ouvrent mon esprit errant.

Les vers les moins imparfaits,
      Les plus frais,
C'est au milieu des campagnes,
Des vallons et des montagnes,
Que toujours je les ai faits.

Ce sont là les vrais amis
      Bien soumis,
Ce sont les bons camarades
Qui, seuls, dans mes promenades,
Tous les matins, sont admis.

C'est à leur culte assidu
      Que j'ai dû
Souvent l'oubli de mes peines,
De mes espérances vaines,
De quelque bonheur perdu.

Aussi j'aime à m'égarer,
A livrer
Mon âme à la fantaisie,
Non pas de la poésie,
Je n'oserais l'espérer;

Mais au plaisir innocent,
Séduisant,
De polir avec la lime,
Ou de chercher une rime
Dont les bois me font présent.

UN RAYON DE SOLEIL.

Savigny, doux pays que le calme environne,
    Je voudrais te revoir encor,
Errer sous tes grands bois, quand le soleil d'automne
    Étend sur eux la pourpre et l'or!

Je voudrais, le matin, près de Froide-Fontaine,
    Braver la pluie et le grésil,
Sur ce banc où jadis la duchesse du Maine
    Venait rêver dans son exil.

Je ferais, à midi, de lentes promenades,
    Non plus seul, mais accompagné,
Au milieu des coteaux, et sous les colonnades
    Du monastère abandonné!

Puis quand le soir viendrait, de son manteau de brume,
    Couvrir la plaine et l'horizon,
Quel plaisir de trouver un bon feu qui s'allume
    Et vous réchauffe à la maison;

D'être là réunis, au foyer de famille,
    D'y causer, en cercle arrondis,
Près de ce beau vieillard, près de la jeune fille
    Qui nous en fait un paradis!

Le jardin est petit, mais un ruisseau l'arrose,
    Mais on y cueille, en leur saison,
Le jasmin et l'iris, la glycine et la rose...
    Charmante et paisible maison!

De ses premiers regards l'orient la caresse,
    Comme a dit, au siècle dernier,
Ce poëte enchanteur, cet enfant de la Grèce,
    Que l'on nommait André Chénier.

Un pavillon rustique, entouré de pervenches,
    S'ouvre aux fumeurs qu'il rend heureux;
On y voit de Corot, sur ses murailles blanches,
    Les paysages vaporeux.

J'étais là, seulement depuis une heure à peine,
  Et tous mes chagrins avaient fui,
Comme un léger brouillard disparaît dans la plaine
  Aussitôt que le jour a lui.

Tout paraissait joyeux, tout semblait me sourire,
  Le jardin, le ciel et les bois.
Dans les bruits du torrent et du vent qui soupire
  Je n'entendais que douces voix.

Courts instants de repos! calme et simple ermitage
  Où le bonheur s'est abrité,
Où sans craindre des sots l'importun bavardage,
  On se sent vivre en liberté;

Où l'on trouve, en rentrant, pour frugal ordinaire,
  L'huître d'Ostende et le homard;
Où l'on boit, pour fêter l'aimable octogénaire,
  Ses vins de Beaune et de Pomard!

Oui, je veux te revoir, Savigny, quand l'automne
  Rougira le front des coteaux,
Et lorsque du matin le givre monotone
  Y suspendra ses blancs cristaux.

Te revoir... et pourquoi? Te verrais-je de même?
    De même revoit-on deux fois
Le lieu qui nous charma, la saison que l'on aime,
    La source claire au fond des bois?

Que m'importent d'ailleurs cette folle duchesse
    Et tous ses rêves avortés!
Que me font ces coteaux! que me fait la richesse
    De ces vignobles tant vantés!

Que m'importent ces vins que produit la Bourgogne!
    Plaisirs, fortune, ambition,
Je vous donnerais tous, sans regrets ni vergogne,
    Pour une douce émotion;

Pour un de ces moments où le cœur s'abandonne
    A tous ses élans généreux,
Où l'on se sent meilleur, où, sans compter, l'on donne,
    Avec bonheur, aux malheureux.

J'ai connu les douceurs de cette ivresse étrange,
    J'en veux garder le souvenir,
Et pour la conserver pure de tout mélange,
    Non je ne veux plus revenir

Dans ce frais oasis où ma triste pensée,
    Oubliant ce qu'elle a souffert,
S'est ravivée, un jour ; comme après la rosée
    La pauvre fleur s'ouvre au désert.

LES BORDS DE LA SAONE.

Avez-vous quelque tristesse,
Quelque espoir, hélas! déçu,
Quelque projet de tendresse
Mort aussitôt que conçu?

Avez-vous quelque humeur noire,
Venant de je ne sais où?
Avez-vous vu votre gloire
Soudain se rompre le cou?

Avez-vous entendu rire
Quand vous plaidiez gravement?
Avez-vous entendu dire :
« Son ouvrage est assommant ?

Avez-vous, sans qu'il en sorte,
Au logis l'ennui fatal;
Ou n'avez-vous rien, qu'importe?
Souvent c'est le pire mal.

Quittant lors toute besogne,
Par un beau temps, un ciel clair,
Jusqu'à Châlons en Bourgogne,
Prenez le chemin de fer;

Puis, là, descendez la Saône
Entre ses riants coteaux,
Jusqu'à l'endroit où le Rhône
L'épouse et reçoit ses eaux.

Aussitôt que, frémissante
Du frein qui l'attache au port,
La vapeur retentissante
Vous éloignera du bord;

Sur chaque vague plaintive
Qui loin de vous s'enfuira,
Quelque peine fugitive,
Quelque chagrin s'en ira.

D'amour ou de renommée
Quelque souvenir amer,
Sur chaque élan de fumée
Ira se perdre dans l'air.

Tant est doux, loin de la ville,
Loin de tous ses grands auteurs
De drame ou de vaudeville,
Loin de ses grands orateurs;

Loin de tous ses grands critiques,
Loin de ses grands avocats,
Loin de ses grands politiques,
Loin du bruit et du fracas;

De naviguer sur la Saône,
Entre ses riants coteaux,
Jusqu'à l'endroit où le Rhône
L'épouse et reçoit ses eaux.

LES DEUX BEAUTÉS.

> Que faut-il que je fasse pour être très-belle?
> — Sois très-sage, répond la tête enchantée.
> (CERVANTES.)

Un amant, c'est assez pour une honnête femme,
Mais deux, je vous l'ai dit, c'est beaucoup trop, madame.
De tels succès du moins, devraient être cachés :
Non ; vous en êtes fière et vous les affichez.
Par l'importance enfin que vous semblez y mettre,
On dirait que pour vous ils sont un thermomètre
Qui, tombant à zéro, donnerait à penser
Que vos charmes aussi commencent à baisser ;
Et vous tenez toujours à passer pour jolie !
Ce n'était pas ainsi qu'autrefois Cornélie,
En montrant ses deux fils, d'un air pudique et doux,

Aimait à se parer de ses plus beaux bijoux.
Vous n'avez pas d'enfants : ils vous eussent peut-être
De l'écueil préservée, en vous faisant connaître
Le bonheur chaste et pur, la sereine beauté
Et les devoirs charmants de la maternité.
Un jour, bientôt, demain, vous verrez votre gloire
S'obscurcir avant l'âge... Écoutez une histoire
Qui vous en montrera les tristes vanités,
Et qu'on pourrait, je crois, nommer : Les deux beautés.

La scène est à Paris, et là, deux jeunes filles,
Pour entrer au couvent ont quitté leurs familles ;
Elles ont toutes deux entre douze et treize ans.
L'une se nomme Blanche : elle a de bons parents ;
Ménage bien uni, famille de commerce,
Vivant honnêtement de celui qu'elle exerce :
Et depuis sa naissance, instruite à leurs leçons,
Blanche a pris auprès d'eux de modestes façons.
Aux règles du logis docilement soumise,
Discrète en son maintien, toujours simplement mise,
Elle a quitté sa mère en versant bien des pleurs,
Quitté, non sans regrets, ses oiseaux et ses fleurs.

La voilà maintenant dans la grande famille

D'un couvent en renom, où la jeune Camille
Venait le même jour, en robe de satin,
Dans un brillant coupé, d'arriver le matin!

Camille est une enfant d'une grâce adorable,
D'un esprit ravissant; elle est charmante, aimable,
Elle a de grands yeux bleus de cils noirs ombragés,
Et de longs cheveux d'or sur son front partagés.
C'est un ange, une fleur; sa vie est un sourire.
Tout pour elle est bonheur depuis qu'elle respire;
Car jamais un chagrin, en effleurant son cœur,
N'est venu de sa joue altérer la fraîcheur.
De ses riches parents l'amour et le délice,
Elle n'entre au couvent que par un pur caprice,
Pour rejoindre une amie, et prendre part aux jeux
Dont on lui fait parfois des récits fabuleux.
Tout d'abord, en entrant, elle séduit, entraîne,
Et bientôt du couvent elle semble la reine.
Chacun l'aime, et subit la douce autorité
De ce pouvoir charmant qu'on nomme la beauté.
On l'écoute, on l'admire, on se presse autour d'elle;
C'est à qui, dans ses goûts, la prendra pour modèle.

Blanche est loin d'obtenir de semblables succès;

Mais elle est consultée, et juge les procès,
S'occupe des enfants, les instruit, les protége,
Et de les amuser a le doux privilége.
Aussi la connaît-on, depuis à peine un an,
Qu'on l'appelle partout la petite maman,
Et que, dans son regard, dans son âme limpide,
On entrevoit déjà la mère, en chrysalide.
Toutes deux, en un mot, marquent dans la maison :
Camille en est le charme, et Blanche, la raison.

Le temps passe; et bientôt nos jeunes demoiselles
Vont entrer dans le monde et déployer leurs ailes.
Elles vont, pour toujours, s'éloigner de ce lieu.
On s'embrasse et l'on pleure, en se disant adieu,
On promet de s'aimer, de se voir, quoi qu'on fasse,
Mots tracés sur le sable et que le vent efface;
Car chacune, opposée et d'humeur et de rang,
Va prendre dans la vie un chemin différent.

L'une, dans tout l'éclat de sa beauté divine,
Avec ses yeux voilés, sa taille souple et fine,

Sa grâce, son esprit, son sourire enchanteur,
Entend, à chaque pas, un murmure flatteur
D'hommages empressés que sa présence éveille,
Et qui troublent son cœur, en charmant son oreille.
Déjà vingt prétendants ont demandé sa main,
Mais il lui faut un titre inscrit sur parchemin.
Elle veut être au moins ou comtesse ou marquise;
La noblesse a, pour elle, une saveur exquise,
Et l'honneur, la bonté, le talent, la raison,
Ne sont rien, à ses yeux, auprès d'un vieux blason.

Comme elle est jeune et belle et que la dot est forte,
Plus d'un comte est offert, mais un marquis l'emporte;
Un marquis quel qu'il soit, c'est si beau, c'est si bon!
Le reste est superflu quand on épouse un nom;
Et ce marquis d'ailleurs est élégant; il joue
Noblement; et s'il perd, ne fait jamais la moue.
C'est un vrai gentleman : il fait courir, il a,
Au foyer de la danse, entrée à l'Opéra;
Et pendant que, le soir, il va dans les coulisses
Protéger les débuts et parler aux actrices,
Sa femme, dans le monde, au théâtre, à la cour,
Au bal, partout enfin, est la reine du jour.
Chacun de ses regards lui fait une conquête.

Elle est charmante... mais coquette ; oh ! mais coquette,
Au point qu'un seul hommage à quelque autre porté,
Lui semble un attentat contre sa royauté.
De galants papillons une escorte fidèle
L'accompagne en tous lieux, et voltige autour d'elle.
Elle écoute d'abord assez négligemment
De leurs propos légers le doux bourdonnement,
Jusqu'au jour où l'un d'eux, plus habile ou plus tendre,
En flattant son orgueil, parvient à la surprendre,
Et l'entraîne bientôt sur ce chemin glissant
Tout parsemé de fleurs... du moins en commençant ;
Mais qui, souvent aussi, coupables ou victimes,
De chute en chute, hélas ! vous conduit aux abîmes.

En quittant le couvent, Blanche épouse un commis,
Depuis longtemps déjà, dans sa famille admis.
On ne s'informe point s'il est né gentilhomme ;
On sait qu'il est honnête et comment il se nomme,
Qu'il est intelligent, au travail animé,
Qu'il aime Blanche enfin, et qu'il en est aimé.
Les deux jeunes époux, succédant à leur père,
S'établissent bientôt. Le commerce prospère.
Dans le même logis, de la même façon,
On vit comme autrefois ; et la vieille maison

Rajeunit, en voyant s'augmenter la famille
De trois charmants bébés, deux garçons, une fille,
Que la mère a nourris, et range, avec bonté,
Sous les aimables lois de son autorité.

S'endormir sans remords, se réveiller de même,
Vivre auprès de celui qui vous aime et qu'on aime,
Avoir de beaux enfants dont on est respecté,
Contempler l'avenir avec sécurité,
Travailler, prier Dieu, s'amuser le dimanche,
C'est la vie et le but, c'est le bonheur de Blanche;
Bonheur béni du ciel, et qu'épargne le temps,
Car nous la retrouvons, après plus de trente ans,
Devenue, à son tour, deux ou trois fois grand'mère,
Sans que son chaste front porte une ride amère.
Il semble qu'avec l'âge à peine elle a vieilli,
Que, toujours calme et pure, elle a même embelli.
On l'honore, on l'entoure, et le jour de sa fête,
Lorsque de ses enfants l'assistance est complète,
Et que, pour sa santé, chaque verre est rempli,
On a du vrai bonheur un spectacle accompli.

Voyons pendant ce temps ce que devient Camille.
Elle est seule aujourd'hui, sans amis, sans famille :
La voilà loin déjà de ses jours triomphants !
Épouse sans mari, sans honneur, sans enfants,
Cherchant à déguiser, à force d'artifice,
Des regrets et du temps l'empreinte accusatrice,
Elle se voit vieillir, et craint à tout moment
L'abandon dédaigneux de son dernier amant,
Qui, rompant à la fin, cette longue habitude,
Autour d'elle, en partant, fera la solitude.

Prononcez maintenant entre ces deux beautés !
La première survit aux folles vanités,
Aux ravages du temps : c'est la beauté de l'âme,
L'immortelle beauté ! Quant à l'autre, madame,
Vous qui la possédez, et l'employez si bien,
Vous saurez qu'après elle il ne reste plus rien.

L'ÉPHÉMÈRE.

Pauvre éphémère,
    Tour à tour
Embryon, fille, épouse et mère,
Qui, pour vivre et mourir sur terre,
Et pour aimer, n'as qu'un seul jour :

Nous te plaignons, nous faibles hommes,
Atomes de l'immensité,
Ainsi que toi nous qui ne sommes
Qu'une ombre dans l'éternité !

LA MÉRIDIENNE.

Le lézard vert sommeille au milieu des buissons;
La fauvette a cessé tout à coup ses chansons,
    Et sa gaîté que rien n'égale;
Les troupeaux sont couchés, à l'ombre réunis;
Tout se tait dans les bois; et dans les prés jaunis,
    On n'entend plus que la cigale.

C'est l'heure où le soleil, dans son brillant essor,
Répand sur l'eau des lacs ses étincelles d'or,
    Et rompt les glaces éternelles.
C'est l'heure où l'Andalouse, au fond de son manoir,
Mollement étendue et fermant son œil noir,
    Éteint le feu de ses prunelles.

Mais quand viendra le soir, et lorsqu'un vent plus frais
Ranimera les fleurs; quand du haut des forêts
    Redescendront les grandes ombres;
De tous côtés soudain, les forêts et les bois
S'empliront de parfums, d'harmonie et de voix;
    Les oiseaux, sous leurs voûtes sombres,

Se chercheront gaîment; et partout dans les airs,
Dans les joncs, dans les blés, reprendront leurs concerts:
    Et c'est alors que dans la ville,
L'Andalouse, en dansant ses hardis fandangos,
Incendira le cœur des jeunes hidalgos
    Et de Cordoue et de Séville.

UN BEAU CONVOI.

Au convoi d'un grand personnage,
Hier encor très-courtisé,
On ne parla, suivant l'usage,
Que du magnifique héritage
Qu'à ses enfants il a laissé.

De sa douleur incomparable
Répétant l'éternel refrain,
Sa veuve, d'un ton lamentable,
Se prétendit inconsolable,
Pour avoir le prix de chagrin.

De tous ses amis de la veille
Qui, de lui, disaient tant de bien,
Qui toujours lui prêtaient l'oreille
Et l'adoraient... c'était merveille !
Un seul pleura : ce fut son chien.

Car la mort, pâle souveraine
Des maux, dit-on, et des douleurs,
Du haut du char qui la promène,
A notre avide foule humaine
Jette plus de ris que de pleurs ;

Car parmi nous, lorsqu'on succombe,
Les regrets ont bientôt faibli :
Quelques adieux sur notre tombe,
Et puis ensuite tout retombe
Dans le silence et dans l'oubli.

UN CIEL SANS NUAGES.

Je l'aimais autrefois d'un amour calme et doux;
Tranquille, en la voyant assise à mes genoux,
    J'aimais sa douceur angélique,
Et ses longs cils brillants, et ses longs cheveux d'or,
    Sa grâce, et ses beaux yeux du Nord,
    Et son doux parler germanique.

Quand le soir, étendu sur ses divans soyeux,
Je suivais en rêvant ses doigts harmonieux,
    Qui frappaient le clavier sonore,
J'aimais à voir sur moi son regard abaissé;
    Et ses accords avaient cessé
    Que longtemps j'écoutais encore.

Toujours je la trouvais si docile à ma voix
Qu'on eût dit une esclave asservie à mes lois,
    Une esclave aimante et fidèle ;
Car près d'elle jamais d'obstacles, de dangers,
    Jamais d'orages passagers,
    Jamais de soupçons auprès d'elle.

Et cependant l'ennui m'y prenait par instants :
Je comprenais alors que l'amour des sultans,
    Cet amour monotone et fade,
Dans le fond d'un harem obtenu sans combats,
    Toujours facile et sans débats,
    Fût un amour assez maussade.

Je comprenais aussi que dans le calme plat,
Fatigué du repos, le marin appelât
    Le sifflement de la tempête ;
Et qu'un trop long bonheur, un ciel trop longtemps pur,
    Fît désirer, au lieu d'azur,
    Quelque point noir sur notre tête.

Si bien qu'un beau matin, ou plutôt un beau soir,
Trouvant que c'est un mal que de n'en point avoir,
    Je partis, prétextant pour cause,

Je ne sais quel projet plus ou moins mensonger,
    Qui m'obligeait à voyager,
    Une affaire, ou toute autre chose.

Je m'attendais aux pleurs : à flots elle en versa,
Et de vrais pleurs du cœur; mais elle me laissa,
    Sans se plaindre, m'éloigner d'elle;
Et tendrement encor me faisant ses adieux,
    Elle parut, ange aux doux yeux,
    Doucement replier son aile.

Je partis, sans songer aux chagrins du départ,
Qu'après lui laisse, hélas ! l'ingrat aimé qui part
    Au cœur aimant qui le regrette;
Je partis, tout joyeux d'être enfin parvenu
    A m'élancer vers l'inconnu,
    Loin du bonheur dans la retraite.

**

Alors on voyageait... ce bon temps est passé,
Depuis que la vapeur a partout remplacé
    Et la diligence et la malle;

Depuis qu'avec fureur et par masse emporté,
On n'est plus même une unité,
Mais une simple décimale.

Dans un étroit coupé, sur d'assez durs coussins,
On se trouvait parfois près d'aimables voisins
Ou de quelque jeune voisine :
Discrètement d'abord près d'elle on se plaçait,
Puis l'escarmouche commençait
Par un feu d'œillade assassine.

Un cahot quelquefois survenait, à propos,
Qui réveillait soudain les gais et doux propos,
Ou qui rapprochait les distances ;
Et d'un tel pas enfin l'intimité trottait,
Qu'en quelques heures l'on était
Déjà d'anciennes connaissances.

C'est ainsi qu'au galop de cinq coursiers flamands,
Dans le monde idéal des rêves de vingt ans,
Emporté comme sur des ailes,
Auprès d'une élégante et rêveuse beauté,
Poétiquement cahoté,
J'arrivai trop vite à Bruxelles.

J'eus visité bientôt ses monuments divers,
Lâken et son palais, Liége et Namur, Anvers,
    Son musée et sa cathédrale,
Où, rayonnant d'éclat, Rubens offre à nos yeux
    Les enchantements merveilleux
    De sa palette magistrale.

C'est là que je connus, que j'admirai, c'est là
Qu'à mes regards charmés d'abord se révéla
    Cette riche école flamande ;
Où j'appris à comprendre et Van-Eyck et Miéris,
    Téniers, Rembrandt, Quintin Metsys,
    Et tous les maîtres de Hollande.

Mais ce qui, j'en conviens (j'étais si jeune alors),
Me touchait encor plus que ses divins trésors,
    Que ses troupeaux et ses marines,
C'étaient, non les portraits, mais les réalités
    De ses opulentes beautés,
    Plantureusement féminines.

Je les quittai pourtant sans beaucoup de regrets.
Préférant l'idéal aux robustes attraits
    De ces matrones rebondies,

J'allai vers le pays des sylphes vaporeux,
      Contempler les airs langoureux
      Des blondes et sveltes ladies.

Je crus y voir partout comme un décaméron
Où régnaient tour à tour les femmes de Byron,
      De Walter Scott et de Shakspeare;
Je m'y crus même, un jour, sur le point de saisir
      Le bonheur, et non le plaisir,
      Pour lequel encor je soupire.

Mais j'eus beau, tendrement, sombre et silencieux
(Sachant fort peu d'anglais), faire parler mes yeux
      Dans cette langue universelle
Que la femme en tous lieux comprend à demi-mot,
      Qu'elle soit sage, ou peu s'en faut,
      Qu'elle soit veuve ou demoiselle;

Nulle, hélas! ne comprit ce que j'avais en moi
De jeunesse et d'amour, de tendresse et de foi,
      Que n'a point encor détruit l'âge;
Et malgré mes regards, tristement rebuté,
      Partout enfin je fus traité
      Comme un pauvre oiseau de passage.

D'où vint qu'après six mois de voyages divers,
Las de courir sans but, je vis que l'univers
    Était bien vide sans une âme;
Bien froid sans un baiser où réchauffer son front,
    Sans une voix qui nous répond;
    Bien désert, sans un cœur de femme.

* * *

Je me souvins alors d'un petit coin d'azur,
Imperceptible abri, mais abri calme et sûr,
    Caché dans l'ombre et le mystère;
Nid joyeux du printemps, heureux, jamais troublé,
    Pour moi plus doux et plus peuplé
    A lui seul que toute la terre.

Je le voyais déjà dans l'horizon lointain,
S'égayant doucement aux rayons du matin.
    Tout semblait sourire autour d'Elle;
Et reprenant mon vol vers ce but désiré,
    Magnétiquement attiré,
    J'y revins comme l'hirondelle.

⁂

En approchant du seuil, en entendant sa voix,
Mon cœur, ce même cœur si tranquille autrefois,
    Battit à rompre ma poitrine.
Le sien ne s'émut point; et, d'un air calme et doux,
    Elle me dit : « Eh quoi, c'est vous!
    « Je vous croyais en Palestine. »

Je voulus m'excuser, elle s'y refusa;
Je voulus l'embrasser, mais elle me lança
    Un fier regard d'impératrice;
Et s'éloignant alors d'un pas ferme et hardi,
    Me laissa tout abasourdi
    De cet incroyable caprice.

De mes yeux étonnés longtemps je la suivis,
Et l'avoûrai-je enfin, jamais je ne la vis,
    Et plus séduisante et plus belle :

Jamais je ne l'aimai d'un amour plus ardent,
  Que de ce jour où, cependant,
  Je la trouvais froide et cruelle.

Aussi le lendemain, revenu pour la voir,
Quand d'abord en entrant j'appris que, dès le soir,
  Elle avait fui de sa demeure,
Quand, la cherchant partout, je ne la trouvai pas,
  Je ne sus où porter mes pas
  Et crus être à ma dernière heure.

Oh! qui jamais ainsi ne s'est vu malheureux,
Qui n'a jamais connu le désespoir affreux
  D'être quitté par ce qu'il aime,
Ne connaît rien des maux dont le cœur peut souffrir,
  Ne sait pas qu'on en peut mourir,
  Ne connaît pas le malheur même!

Depuis ce jour, fatal à mon amour déçu,
Je ne l'ai plus revue, et jamais je n'ai su
      Ce qu'était devenu, sur terre,
Cet ensemble charmant de grâce et de bonté,
        De pudeur et de volupté,
      Cette âme tendre et solitaire.

Ce que j'appris du moins, ce que je sais encor,
C'est qu'il n'existe point de plus rare trésor
      Qu'un doux bonheur dans la retraite,
Et pendant si longtemps, moi qui l'ai repoussé,
        Maintenant pauvre délaissé,
      C'est le seul bien que je regrette.

LES TROIS RENCONTRES.

Il est trois choses dont la vue
Ou dont la rencontre imprévue
Sont pour moi d'un effet puissant :
Sur le chemin du cimetière,
C'est de voir une pauvre bière
Que chacun salue en passant;

C'est de rencontrer sur ma route,
Au milieu des bruits qu'il écoute,
Un pauvre aveugle avec son chien,
Le seul ami dans ce bas monde
Qui le protége et qui réponde
A sa voix qu'il connaît si bien;

C'est de voir une jeune femme
Priant Dieu du fond de son âme,
Les deux mains jointes, à genoux;
Et, dans sa ferveur adorable,
S'approchant de la sainte table,
D'un air ému, timide et doux.

LE LISERON.

Le liseron des champs, délicat et fluet,
Pousse avec les moissons, ainsi que le bluet.
Sa faiblesse a besoin d'une aide protectrice.
L'humble tige des blés le soutient, lui fournit
Un appui nécessaire, et l'ingrat l'en punit,
     En étouffant sa bienfaitrice.

On pourrait comparer au liseron des champs
Tous ces lâches flatteurs, serviles et méchants,
Qui recherchent aussi quelque abri tutélaire,
Et, pour prix des bienfaits qu'ils ont reçus de nous,
Après s'être montrés insinuants et doux,
     Nous rendent le mal pour salaire.

PENSE A MOI.

>Remember me.
>(Thomas Moore.)

Oh! pense à moi quand tu sommeilles!
Oh! pense à moi quand tu t'éveilles!
    Quand, loin de toi,
Lentement je vois tourner l'heure;
Auprès de toi quand je demeure,
    Oh! pense à moi!

A tes vitraux quand l'hiver brille,
Auprès du foyer qui pétille,
    Oh! pense à moi!
Oh! pense à moi lorsque ton âme
S'ouvre au printemps et que sa flamme
    Pénètre en toi!

Pense à moi quand, dans les jours sombres,
Les noirs pensers, comme des ombres,
  Pèsent sur toi ;
Et quand soudain ton cœur se livre
Au bonheur d'aimer et de vivre,
  Oh ! pense à moi !

Au milieu de tes plus beaux rêves,
Vers l'idéal quand tu t'élèves,
  Oh ! pense à moi !
Pense à moi, de transports saisie,
Dans ce monde de poésie
  Créé par toi !

Quand la nuit, dépouillant ses voiles,
A tes yeux montre ses étoiles
  Planant sur toi ;
Et qu'en secret tu cherches celle
Qui te protége et qui t'appelle,
  Oh ! pense à moi !

Quand sous d'ineffables tristesses,
Comme un saule, hélas ! tu t'affaisses,
  Oh ! pense à moi !

Pense à moi quand tu désespères,
Et quand tu ne vois que misères
   Autour de toi !

Puis, quand d'hommages entourée,
Dans le bal, brillante et parée,
   Chacun vers toi,
Avec ardeur se précipite,
Et que tout à l'oubli t'invite,
   Oh ! pense à moi !

Oh ! pense à moi, car moi je t'aime,
Oh ! pense à moi, car moi de même
   Je pense à toi !
Oh ! pense à moi, toujours, sans cesse,
Dans la joie et dans la tristesse,
   Oh ! pense à moi !

Plombières.

APRÈS L'ORAGE.

Le vent à travers les branches
Sifflait, et les avalanches
Descendaient en bondissant.
Les vieux sapins et les hêtres,
Comme les fous de Bicêtres,
Se tordaient en gémissant.

C'était un spectacle horrible,
Un chaos indescriptible
Des éléments déchaînés.
A voir ce nouveau déluge,
On eût dit que notre juge
Nous avait tous condamnés

Mais voilà que sur les roches
Les lézards ont reparu !
Les limaçons et les loches
Dans leurs trous ont disparu.

L'hirondelle, plus légère,
S'élance, et prenant son vol,
De son aile passagère,
Ne vient plus raser le sol.

La brise a chassé la pluie.
Le soleil dans les sillons,
Et sous les fleurs qu'il essuie,
A réveillé les grillons.

Dans la forêt, dans la plaine,
Pour célébrer son retour,
Les oiseaux, à gorge pleine,
Ont repris leurs chants d'amour.

Je te revois enfin, toi que la muse antique,
Toi que Lucrèce, Ovide et Virgile ont chanté,
Toi dont le villageois, dans sa prose rustique,
    Implore la fécondité !

A ta chaleur naissante et pure,
Au vif éclat de ton ciel bleu,
Tout, ce matin, dans la nature
Semblait renaître peu à peu;

Depuis le chêne au front superbe
Secouant ses grands bras mouillés,
Jusqu'au pauvre petit brin d'herbe
Qui se redressait à ses pieds.

Le laboureur et sa compagne,
De la voix conduisant leurs bœufs,
Dans les sentiers de la montagne
S'acheminaient d'un air joyeux;

Puis, reprenant avec courage
Des moissons les pénibles soins,
On les voyait après l'orage
Retourner et rentrer leurs foins.

La jeune fille au corps de marbre,
Mais sous des habits de garçon,
Cueillait la cerise sur l'arbre
Qu'elle égayait de sa chanson;

Et dans les prés la pâquerette
Humide encore à son réveil,
Ouvrait sa blanche collerette
Et se réchauffait au soleil.

Tout s'animait sous ton empire,
Astre du jour, regard de Dieu!
Tout ce qui sent, croît et respire
Te bénissait en ce doux lieu.

Je t'aime aussi, mais sous l'ombrage,
Sous votre abri sans nul rival,
Sombres sapins, au noir feuillage,
Du val d'Ajol et d'Hérival.

Charmant pays, heureuse terre,
Pour qui sait voir et t'observer,
Pour le promeneur solitaire
Qui, loin du bruit, vient y rêver!

C'est là que notre cœur s'enivre
Aux parfums de l'air et des bois;
C'est là surtout qu'on voudrait vivre,
Et vivre aimé comme autrefois.

Mais déjà, déjà je m'incline
Par le poids de l'âge affaibli;
Déjà je descends la colline
Qui conduit, hélas! à l'oubli.

LA TOILETTE D'UNE FEMME.

ANTHOLOGIE.

Voulant paraître jeune femme,
Vous avez acheté, madame,
Des cheveux bien touffus, de la cire et des dents;
Du fard pour votre joue, et, pour vos yeux ardents,
Du bistre, qui leur donne un air sombre et fantasque.
Avec l'argent que pour cela
Vous venez de dépenser là,
Vous auriez pu vraiment vous acheter un masque.

LE JEUNE ARABE.

> Si les bons font du bien de la grosseur d'une fourmi, Dieu le fera multiplier et leur donnera une grande récompense.
> (*Le Koran*, Chapitre des femmes.)

Une horrible disette affamait l'Algérie,
Des puits et des torrents la source était tarie.
Le pays de la soif, et même aussi le Tell,
Depuis plus de trente ans n'avaient rien vu de tel.
Les troupeaux périssaient. Des robustes chamelles
On pressait vainement les fécondes mamelles.
Plus d'orge, plus de blés; et chacun dévorait
Les racines du sol que sa main déterrait.
A ces tristes fléaux, un autre plus funeste
Venait se joindre encore et dépasser le reste :

Du levant au couchant, du nord au Sahara,
Sous un ciel embrasé régnait le choléra.
Les colons éperdus s'enfuyaient vers la plaine.
L'Arabe, enveloppé dans son manteau de laine,
Se couchait sous sa tente, encor vaillant et fort,
Et puis une heure après on le retrouvait mort,
Mort sans pousser un cri, sans appeler à l'aide,
Sans vouloir à ses maux chercher aucun remède ;
Mort comme il faut mourir pour être un jour admis
Dans les jardins du ciel par Mahomet promis ;
Lieux charmants, où partout de limpides fontaines,
Où des tasses d'argent, de parfums toujours pleines,
Où des arbres en fleur dans toutes les saisons,
Vous offriront des fruits et de fraîches boissons,
Pendant qu'auprès de vous, à l'ombre des lentisques,
Danseront mollement de jeunes odalisques.

Au temps dont nous parlons, en travers des chemins,
On ne rencontrait plus que cadavres humains,
Que de maigres enfants, consumés par la fièvre,
Sans une goutte d'eau pour rafraîchir leur lèvre.

Un d'eux, nommé Kadour (on m'a conté cela),
Avait vu succomber tous ceux de sa smala,

Ses parents, ses amis, son vieux père et sa mère,
Et le pauvre petit se trouvait seul sur terre,
Lorsqu'un jeune Français, officier de spahis,
Traversant les douars par la peste envahis,
L'aperçoit l'œil éteint, le visage livide,
Les membres déjà froids sur un sable torride.
Il le prend dans ses bras, lui donne un élixir
Contre le mal affreux qui vient de le saisir,
Le ranime... et soudain notre petit Arabe
Commence à prononcer la première syllabe
De ce mot que l'enfant balbutie en pleurant,
Comme un suprême appel quand il devient souffrant;
Il entr'ouvre les yeux et demande sa mère,
Qui ne voit point ses pleurs, qu'elle essuyait naguère.
Il n'a plus pour soutien que Dieu seul maintenant
En apprenant cela, le jeune lieutenant
Couvre de son manteau la pauvre créature,
L'enlève doucement, la met sur sa monture,
Et, pour ne pas laisser l'orphelin sans appui,
Le prend sous sa tutelle et l'emporte avec lui.

Arrivé dans le bordg, le petit indigène
Se rétablit bientôt; et là, libre et sans gêne,
Bien nourri, bien vêtu, cet enfant du désert

Ne pense déjà plus à ce qu'il a souffert.
Oublieux et léger ainsi que la gazelle,
Il court de tous côtés en bondissant comme elle,
Et de deux lévriers, auprès du maître admis,
En jouant avec eux, se fait de bons amis.

A quelque temps de là, le besoin du service,
Une escorte à fournir, ou bien quelque autre office,
Un combat à livrer, peut-être à Si-Lalla,
Oblige l'officier, en quittant la smala,
De confier l'enfant placé sous sa tutelle
A celui de ses gens qu'il croit le plus fidèle.

Absent depuis un mois il s'étonne, au retour,
De ne pas à l'Oued-Sly voir le petit Kadour.
Il s'informe, on lui dit : les uns, qu'il se promène ;
D'autres, qu'il est parti depuis une semaine ;
Qu'il paraissait souffrant, que son mal l'a repris,
Et que depuis huit jours l'on n'en a rien appris.
Comme il insiste alors et prend sa voix altière,
On avoue en tremblant que, vers le cimetière,
On l'a vu, le matin, traversant la smala,
Se diriger tout seul, et qu'il doit être là.

Inquiet et troublé, voyant qu'il a beau faire,
Que chacun d'eux s'éloigne et s'obstine à se taire,
Notre jeune Français, soupçonnant un malheur,
S'achemine à grands pas vers le champ de douleur
Il y trouve l'enfant, la face blanche et verte,
Étendu sur le sol près d'une fosse ouverte.

« Eh! que fais-tu donc là, Kadour?—Moi? rien...j'attends:
Il m'a dit qu'il serait ici dans peu de temps.
— Qui? — Soliman. Tu sais, celui qui vous enterre,
Lorsque l'on va rejoindre et son père et sa mère.
Comme il avait beaucoup de besogne aujourd'hui,
Il m'a dit de partir et d'aller devant lui,
Qu'il me trouverait mort en arrivant, sans doute,
Et pourrait m'enterrer sans me porter en route.
Me voilà! Je l'attends. — Il a perdu l'esprit!
Non, tu ne mourras pas! — Si, maître, c'est écrit!
— Tu vivras, je le veux. Qu'il vienne! je l'assomme,
Cet affreux Soliman! » Et le brave jeune homme,
Saisissant de nouveau le pauvre abandonné,
Comme un vieux musulman à la mort résigné,
A cet âge où l'espoir au bonheur nous convie,
Pour la seconde fois le rappelle à la vie.

Sentant le prix enfin d'un service aussi grand,
L'enfant, depuis ce jour, semble tout différent.
S'il ne parle jamais de sa reconnaissance,
Dans ses yeux expressifs on en voit l'assurance,
Et chacun en conclut que son maître, aujourd'hui,
Sûr de son dévouement peut se fier à lui.
Notre jeune officier, qui d'abord s'en étonne,
Le trouvant plus soumis l'attache à sa personne,
En fait son écuyer, et, quand il va parfois,
Avec quelques faucons dociles à sa voix,
Ou ses deux lévriers qui, comme eux, ont des ailes,
Chasser à la gerboise, ou courir les gazelles,
Il aime à voir Kadour, bondir éperdument
Et le suivre au galop sur Fatma, sa jument.
Le jeune Arabe alors, comme ceux de sa race,
S'enivre de ses cris, de l'air et de l'espace ;
Mais, dès qu'on rentre au camp, son front devient rêveur.
Il s'assied tristement aux pieds de son sauveur,
Qui, voyant son regard déjà plein d'énergie,
Comprend que du désert il a la nostalgie.

Un soir de ramadan, le ciel était voilé,
Kadour, après avoir fumé son narghilé,
Invoqué Mohammed, le front dans la poussière,

Se tournant vers la Mecque, avait fait sa prière ;
Mais, au jour, dans sa tente on ne le trouva plus.
On fit, en le cherchant, des efforts superflus,
Car de son bienfaiteur, le jeune ismaélite
Avait pris, en partant, la jument favorite,
Volé le revolver, et s'était, avec lui,
Pour n'en plus revenir, vers le désert enfui.

Dans les premiers moments, le héros de l'histoire,
Surpris d'un tel méfait ne voulait point y croire.
Il le fallut pourtant, et qu'il se résignât
A voir que ses bontés n'avaient fait qu'un ingrat.

Il n'était pas encor remis de cette atteinte,
Lorsqu'un nouveau schérif prêcha la guerre sainte,
Réunit dans le sud les Bédouins révoltés,
Pour se rendre à sa voix venus de tous côtés.
L'escadron de spahis, sans se compter à peine,
Se rallie, et bientôt s'élance dans la plaine,
Jurant de n'accorder ni trêve ni merci.
Dans le lointain déjà la poudre parle aussi.
Le maître de Kadour, que son ardeur emporte,
Se trouve en peu d'instants en avant de l'escorte.
Un coup part... et soudain son cheval Mustapha,

Mortellement frappé, se roule dans l'Alfa.
Le malheureux jeune homme, entraîné dans sa chute,
N'a plus même l'espoir que peut donner la lutte.
Déjà se rapprochant, droits sur leurs étriers,
Il voit venir à lui de nombreux cavaliers.
Un d'entre eux les devance... il arrive, et s'apprête
A le décapiter... Mais, soudain il s'arrête.
Il descend de cheval, et, poussant un grand cri,
Dégage l'officier, encor pâle et meurtri,
Le relève, en disant : « Fuis, avant qu'on ne vienne!
Fuis, fuis sur ma jument, ou plutôt sur la tienne!
C'est Fatma! c'est Kadour! Maître, pardonne-moi!
Deux fois tu m'as sauvé, je m'acquitte envers toi. »
Le lieutenant ému le saisit et l'embrasse.
« Fuis, fuis! lui dit l'enfant. Les voilà sur ta trace!
Allah! c'était écrit! moi, je rejoins les miens,
Pour aller, avec eux, combattre les chrétiens! »

LA CAUSE.

Ce qui fait que la fleur tremblante
Entr'ouvre sa corolle au vent;
Que la luciole étincelante
Allume son fanal vivant;

Ce qui fait que dans la prairie
Ces deux puissants et fiers taureaux,
Le front baissé, l'œil en furie,
Se vont mesurant en héros;

Ce qui fait que le lac tranquille
Voit, au printemps, ses flots troublés;
Que l'alouette plus agile
Suit sa compagne au fond des blés :

C'est ce qui fait que ton œil brille,
Que ton cœur bat, que tu rougis,
Que tu folâtres, jeune fille,
Ou que tu pleures au logis.

C'est ce qui fait que la sultane,
Le front d'ennuis toujours voilé,
Nonchalamment, sur l'ottomane,
Rêve, en fumant le narghilé.

C'est ce qui fait que par la ville,
Bravant et stylets et tromblons,
Les cavaliers vont, à Séville,
Chanter, la nuit, sous les balcons.

LA SAINT-HUBERT.

Le cor a sonné dans les bois,
La meute s'élance, et sa voix
Retentit déjà dans la plaine.
Alerte! chasseurs et chevaux!
En avant, par monts et par vaux,
Et courons tous à perdre haleine!

Le lièvre, d'abord incertain,
Aux échos de ce bruit lointain
Prête l'oreille, hésite, écoute;
Et soudain, prenant son parti,
Comme un trait le voilà parti
Pour se sauver, coûte que coûte.

Dérangé dans son gai repas,
Maître lapin fait quelques pas,
S'en va, revient, court et s'arrête;
Puis, promptement tranquillisé,
Reprend son festin commencé,
Sans se mettre martel en tête.

L'écureuil effrayé bondit,
Lève sa queue et l'arrondit
En la dressant comme un panache;
Pousse un petit cri furieux,
De tous côtés jette les yeux,
Et sur un arbre enfin se cache.

Le chevreuil, au museau verni,
En famille alors réuni,
Voit troubler son calme angélique;
Et vers l'endroit d'où vient le vent,
Sur ses genoux se relevant,
Tourne un regard mélancolique.

Effroi des chasseurs imprudents,
Et toujours armé jusqu'aux dents,
Le sanglier se vautre et grogne;

Mais, dans l'honneur mal affermi,
Entendant venir l'ennemi,
Se prépare à fuir sans vergogne.

Ne tremblez pas, calmez-vous tous,
Car ce bruit-là n'est pas pour vous,
Habitants de la forêt sombre;
Respirez le frais du matin,
Mangez le gland, broutez le thym,
Ou dormez doucement à l'ombre.

C'est la Saint-Hubert aujourd'hui :
Dès que ce fameux jour a lui,
Le cerf est le roi de la fête;
Et, pour fêter sa royauté,
Les chasseurs, ivres de gaîté,
Vont mettre à mort la noble bête.

Tout retentit des sons du cor.
La meute approche, encor, encor,
Traversant taillis et clairière.
Le cerf se dresse avec fierté,
Et, d'un air plein de majesté,
Rejette sa tête en arrière;

Puis, d'un pas lent et dédaigneux,
Pour éviter ces chiens hargneux,
Pénètre dans une autre enceinte ;
Mais tous ses pas sont épiés,
Et l'ennemi suit, pieds sur pieds,
Chaque détour de son empreinte.

Il faut alors sans balancer,
Prendre sa course et s'élancer :
Il part, il court, il fuit, il vole.
Les champs, les bois, tout disparaît,
Sous les élans de ce jarret
Qui défierait le vieil Éole.

Cependant il a beau courir,
Son heure approche, il va mourir
Dans la forêt qui l'a vu naître.
Entendez-vous ? c'est l'hallali !
Et bientôt le cerf assailli
Est porté bas, au pied d'un hêtre.

Les corbeaux, présages de sang,
De tous côtés, en croassant,
Dans les airs déjà tourbillonnent.

Aux cris des valets effarés,
Les chiens, de carnage altérés,
Au meurtre, à l'envi, s'aiguillonnent.

Chevaux, chasseurs, femmes, enfants,
Tous pleins de joie et triomphants
Assistent là, pendant une heure,
Au spectacle affreux et navrant
Du pauvre animal expirant,
Qui se débat, gémit et pleure.

Puis, quand son corps est en lambeaux,
On revient ensemble aux flambeaux,
Sous les grands bois aux fronts sévères :
On dîne enfin ; et l'échanson
Dans les celliers puise, à foison,
La gaîté qu'il verse à pleins verres.

Allons, buvons, enivrons-nous !
Les regards sont déjà plus doux,
Et brillent de plus vives flammes.
Un verre encore ! et des maris
Qui, la plupart sont blancs ou gris,
Faisons danser les jeunes femmes !

C'est la Saint-Hubert aujourd'hui !
Dès que ce fameux jour a lui,
Le cerf est le roi de la fête ;
Et plus d'une aimable beauté,
Pour célébrer sa royauté,
Va, ce soir, couronner sa tête.

Plombières.

AMICUS AMICO.

Pertransiit benefaciendo.

Pauvre ami, sans toi je revois
Ces lieux où nous vînmes ensemble,
Où j'aimais, chaque jour, accourir à ta voix
Pour soutenir ton pas qui tremble.

Nous projetions souvent de gravir le coteau
Dont le roi Stanislas baptisa la fontaine,
Et d'y boire, au sommet, du kirsch avec de l'eau...
Vains projets, espérance vaine!

Car, sur mon bras toujours t'appuyant d'une main,
    Et de l'autre encor sur ta canne,
Nous nous mettions d'abord lestement en chemin,
    Mais bientôt nous restions en panne.

Tu t'arrêtais alors, un peu découragé,
Près d'un pont où jaillit une abondante source ;
Et cet endroit rêveur, fraîchement ombragé,
    Était le terme de ta course.

A demain, disions-nous! puis, tous les deux assis,
    Nous nous faisions de longs récits
      Du bon vieux temps de nos jeunesses,
Souvenirs du printemps, doux rêves du matin,
    Où l'avenir, dans le lointain,
    S'offrait à nous plein de promesses.

Nous parlions des amis qui, pour l'éternité,
    Nous avaient quittés sur la terre ;
    De nos parents, de mon vieux père,
Dont ta charmante humeur sans inégalité,
    Ton cœur sans fiel, ta vie austère,
Au milieu des douleurs ta constante gaîté,
    Me rappelaient le caractère.

A défaut de nos pas, nos désirs et nos yeux
    Nous transportaient sur la montagne,
Où paissaient les troupeaux, où les faucheurs joyeux
    Coupaient les foins dans la campagne.

Nous savourions l'air pur des sapins toujours verts,
    Et leur doux parfum de résine.
Quelquefois même aussi nous récitions des vers
    De La Fontaine ou de Racine.

Je me souviens qu'un jour nous avons répété,
    Et de mémoire en vérité,
    Dans *Iphigénie en Aulide,*
    Toute une scène ou j'étais, moi,
    Le grand Agamemnon, ma foi :
    Achille aux pieds légers, c'est toi
    Qui le faisais, pauvre invalide !

Et nous nous étonnions d'avoir pu conserver,
    Dans un casier de notre tête,
Ces vers que notre enfance avait vus s'y graver,
Et dont, longtemps après, nous pouvions retrouver
    Une empreinte exacte et complète.

Saint Augustin, dans la *Cité de Dieu,*
Nous a fait, quelque part, l'analyse et l'histoire
De ce grand phénomène appelé la mémoire.
Mais je sens, pauvre ami, quand je revois ce lieu,
Ce petit pont de bois où tu me dis adieu,
Que celle du cerveau n'est pas seule fidèle,
    Et qu'il en est une autre encor
Aussi durable en nous, aussi pure que l'or,
    Et comme notre âme immortelle.

LE RENDEZ-VOUS.

Ce que j'aime en vous, madame,
Ce n'est pas votre beauté,
Ni tous ces attraits de femme
Dont le monde est enchanté ;
C'est plus encor : c'est votre âme !
— Quoi, monsieur, en vérité ?
Vous avez trop de bonté.
Eh bien, si c'est à mon âme
Que s'adresse votre amour,
Je vous paîrai de retour...
(Me répond alors la dame)
Au paradis, quelque jour.

Saint-Honoré-les-Bains.

LE BEUVRAY.

Au gui l'an neuf!

Par un chemin étroit, malaisé, sablonneux,
    Sur un char attelé de bœufs
    Que la cornemuse accompagne,
    A travers les prés et les bois,
    Comme une idylle d'autrefois,
    Nous pénétrons dans la montagne.

Nous atteignons bientôt les sommets du Beuvray,
    Où fut, dit-on, si l'on dit vrai,
    L'ancienne et fameuse Bibracte.
    Chacun descend, un peu meurtri,
    Et (bien qu'en route on en ait ri)
    L'on n'est pas fâché de l'entr'acte.

On s'entretient gaîment des nombreux soubresauts
    Du véhicule aux durs cahots,
    Dont chacun porte encor la trace;
    Et, des ravages qu'ils ont faits,
    L'on exagère les effets...
    Mais sans en avouer la place.

Laissant, vers leurs aïeux, courir les plus ardents,
    Les antiquaires plus prudents
    Cherchent d'abord la source pure
    Où quelque jeune Velléda
    Souvent, peut-être, regarda
    L'âpre beauté de sa figure.

Nos dames aujourd'hui ne s'y regardent pas,
    Mais font d'abord un gai repas,
    Aux tristes sons de la musette;
    Puis, à longs traits, boivent de l'eau
    De ce clair et charmant ruisseau,
    En la parfumant d'anisette.

Le moment est venu de visiter enfin,
    Après avoir calmé sa faim
    (Ventre affamé n'a pas d'oreilles),

Les murs de la noble cité
Dont la douteuse antiquité
Promet à nos yeux des merveilles.

On nous montre, en effet, quelques pauvres débris,
Des Gaulois, modestes abris,
Lorsque, dans la forêt prochaine,
La druidesse allait encor
Cueillir, avec la serpe d'or,
Le gui sacré sur le vieux chêne.

Je suis, je vous l'avoue, un peu désenchanté,
Car ce spectacle, tant vanté,
N'a vraiment rien qui vous saisisse,
Rien qui parle à vos souvenirs,
Point de dolmens, point de menhirs,
De tables pour le sacrifice.

Et pourtant, malgré moi, je me prends à rêver,
En songeant qu'on peut retrouver,
Dans ce pays en décadence,
La trace de ces longs combats
Où nos ancêtres, pas à pas,
Défendaient leur indépendance.

L'ABANDON.

C'était une jeune Espagnole
Adorable et belle à ravir;
Tantôt rêveuse, et tantôt folle,
Elle était mon unique idole,
Sur les bords du Guadalquivir.

Au travers de sa jalousie,
Que de fois je vis ses doux yeux
Qui m'enivraient de poésie,
Et qui, dans l'ombre de ma vie,
Brillaient, comme une étoile aux cieux!

Mais, hélas ! tout doit, sur la terre,
Passer bientôt, tout doit finir;
Et dans ce cœur, à moi naguère,
Maintenant, triste et solitaire,
Je n'ai plus même un souvenir.

Tout a fui, sans laisser de trace,
Comme l'oiseau qui fend les airs,
Comme le flot que le flot chasse,
Comme le jour que l'ombre efface,
Comme un navire sur les mers.

Nous savons où va le navire,
Où va la nuit, où va le jour,
Où va le flot qui se retire,
Où va l'oiseau; mais qui peut dire,
Quand il nous quitte, où va l'amour?

LES VRAIS AMIS.

> Quidam merentur famam, quidam habent.
> (Juste Lipse.)

J'estime fort les chiens : ce sont de vrais amis
    Qui jamais ne vous abandonnent.
Frappez-les... indulgents, à leur maître soumis,
    Malgré ses torts, ils lui pardonnent.

Ne croyez pourtant pas que ce noble animal,
    Sans rancune et sans préférence,
Avec les étrangers, pour le bien et le mal,
    Montre la même indifférence.

Entre deux inconnus qu'il rencontre en chemin,
    Dans leurs regards il voit sans peine
Celui qui le dédaigne, et va lécher la main
    Du seul des deux qui le comprenne.

Vient-on imprudemment l'attaquer sans motif,
  Ou par bravade ou par malice,
Fussiez-vous vingt contre un, fier et vindicatif,
  Il se fera rendre justice !

Mais l'enfant, avec lui, ne court aucun danger,
  Il peut le tirer par l'oreille ;
Dans son meilleur repas il peut le déranger,
  Et l'éveiller quand il sommeille ;

L'intelligente bête imite alors ses jeux,
  En prend sa part et s'en amuse,
Semble comprendre enfin que ces méfaits joyeux
  Ont la faiblesse pour excuse.

Car le chien le plus fort et surtout le plus grand,
  Est aussi le plus débonnaire,
Et, comme bien des sots, pour soutenir son rang,
  Le petit l'est moins d'ordinaire.

Je voudrais sur ce point, pour plus d'une raison,
  M'étendre encore davantage,
Si je ne redoutais que la comparaison
  Ne fût pas à notre avantage.

Je pourrais vous citer certains noms glorieux
    De chiens célèbres dans l'histoire;
Montrer celui d'Ulysse expirant à ses yeux :
    Mais Homère a chanté sa gloire.

A mes contemporains je me veux consacrer;
    Je connais d'ailleurs leur langage,
Et n'entends jamais là, je dois le déclarer,
    Tous ces grands mots à notre usage.

Les chiens sont cependant, du noble au roturier,
    Différents d'humeur et de race,
Le riche et l'indigent, l'oisif et l'ouvrier
    Y sont aussi rangés par classe.

Eh bien! l'on n'y voit point les uns, avec fierté,
    Se montrer durs pour leur semblable,
Les autres, envieux; et la fraternité
    Est un mot chez eux véritable.

Le pain qui les nourrit, fût-il amer et noir,
    Le taudis qui leur donne asile,
Ne leur fera jamais, manquant à leur devoir,
    Chercher un autre domicile.

Chacun fait son métier sans s'occuper d'autrui,
   Sans se mêler de ses affaires,
Sans vouloir renverser ce qui lui sert d'appui,
   Et vit comme ont vécu ses pères.

Le berger, pour salaire ayant souvent des coups,
   N'en est pas moins presque sublime :
Il conduit ses troupeaux, et les défend des loups,
   Sans prélever sur eux la dîme.

Le courageux bouvier attaque, à belles dents,
   Le taureau qui résiste et beugle,
Tandis que le caniche entraîne, à pas prudents,
   Son vieil ami le pauvre aveugle.

L'élégant écossais, aux poils noirs et soyeux,
   A l'allure aristocratique,
Cherche, le nez au vent, les endroits giboyeux,
   Puis, s'arrêtant, vous les indique.

Ne croyez pas non plus que les petits griffons,
   Doux favoris des demoiselles,
Couchés sur leurs sofas, au milieu des chiffons,
   Soient inutiles auprès d'elles.

Pour exemple, entre eux tous, j'en cite un, le premier,
    Toujours content, jamais maussade,
Et qui remplit fort bien son rôle d'infirmier,
    Lorsque sa maîtresse est malade.

Il devient triste alors et ne la quitte pas,
    L'entoure de soins, de tendresses,
Demeure sur son lit, sans prendre aucun repas,
    Ne vivant que de ses caresses.

Qui n'a vu quelquefois, d'un air sombre et pensif,
    Un pauvre chien suivre une bière?
Qui n'a pas entendu son hurlement plaintif,
    Lorsqu'il revient du cimetière?

Rentré seul au logis, il va partout cherchant
    Celui qui fut longtemps son maître,
Et se laisse mourir de faim, en se couchant
    Près du foyer qui le vit naître.

En est-il parmi nous, en prenant les meilleurs,
    D'un pareil dévoûment capables,
Et qui jamais ne soient, même dans leurs douleurs,
    D'un peu d'égoïsme coupables?

De ces bons animaux l'on pourrait parler mieux,
    Et plus longtemps, je vous assure,
Puisque je ne dis rien des instincts merveilleux
    Qu'ils ont reçus de la nature.

On les verrait alors sachant se diriger
    Vers un but que rien ne désigne,
Comme on voit dans les airs le pigeon-messager
    Trouver sa route en droite ligne.

Qui peut donc les guider? quelle invisible main,
    Lorsque l'un court, quand l'autre vole,
Des pays inconnus leur montre le chemin?
    Qui peut leur servir de boussole?

Des savants vous diront qu'ils ont certain ressort
    Dont notre espèce est dépourvue :
Je crois, moi, que leur cœur, dans ce suprême effort,
    Leur donne la seconde vue.

Mais je m'arrête ici : car déjà maint lecteur
    S'effarouche, et se dit qu'en somme,
Lorsque je fais du chien un portrait si flatteur,
    Je médis tant soit peu de l'homme.

MA SULAMITE.

POÉSIE ARABE.

Son œil à travers les voiles
Où mon regard le poursuit,
Est sombre comme la nuit
Où scintillent deux étoiles.

Son nez, délicat et sec,
N'a rien du nègre stupide,
Il est plus fin que le bec
Du faucon au vol rapide.

Ses cheveux noirs et flottants
Sur son épaule d'ivoire,
De ma noble jument noire
Ont les reflets éclatants;

Et ses blanches dents sont celles
Du beau lévrier d'un an,
Qui, sans avoir bu le sang,
Poursuit déjà les gazelles.

Pendant trois ans j'ai tâché
De surprendre sa tendresse;
Pendant trois ans j'ai cherché
A voir ma belle maîtresse,

Les jours de fantasias,
Les jours où parlait la poudre;
Et quand, plus prompt que la foudre,
Je faisais des razzias.

Un jour, ma jument de race,
Née aux plaines de Taguin,
Caracolait, sur sa trace,
Autour de son palanquin.

Ce jour-là, jour de délice,
Le tapis qui la cachait,
Se souleva, par malice,
Pour celui qui la cherchait.

Je la vis, et je crus même
En mourir. Ah! le beau jour!
Je la vis celle que j'aime,
Que j'aime avec tant d'amour!

Ravissante et douce chose,
Son beau sein qui palpitait,
Je l'ai vu : c'est une rose
Dans une jatte de lait.

Cette rose est la mamelle
Où les fruits de notre amour,
Où les fils qui naîtront d'elle
Puiseront la vie un jour.

Plus prompts aussi que la foudre,
Ils y boiront la fierté ;
Avec le goût de la poudre
Celui de la liberté.

Ils seront tous, je l'espère,
Ou plutôt j'en ai la foi,
Grands et beaux comme leur mère,
Forts et vaillants comme moi.

Indomptables et rebelles
A tous ceux que j'ai haïs,
Ils aimeront les plus belles,
Les plus belles du pays.

PLOMBIÈRES.

> O rus quando ego te aspiciam?
> (Horace.)

Je vous revois enfin, bois, campagnes, vallons,
　　Noirs rochers aux fortes armures,
Prés fleuris, vieux sapins aux bras velus et longs,
　　Petits ruisseaux aux doux murmures!

Je crois, en vous voyant, retrouver des amis,
　　Séparés de moi par l'absence;
Et je sens que, bientôt, auprès de vous admis,
　　Je vais renaître à l'espérance.

Tout sourit à mes yeux, tout est calme et serein;
　　Chaque fleur ouvre sa corolle.
Au souffle du matin, mon plus sombre chagrin
　　Comme un léger brouillard s'envole.

Triste hier, aujourd'hui le ciel est radieux;
    Et sur la montagne sonore,
J'entends des chants lointains, et des propos joyeux,
    Que l'écho reproduit encore.

J'aspire avec bonheur les parfums enivrants
    Des foins qu'on fauche dans la plaine;
J'écoute tous les bruits, ceux des bois, des torrents :
    Je suis heureux; j'ai l'âme pleine

De ces divins transports, de ces ravissements
    Dont notre cœur n'est pas le maître,
Qui ne viennent à nous qu'à de certains moments.
    Quand nous le méritons peut-être.

Je l'ai donc mérité, sans trop savoir pourquoi;
    Mais du moins je connais la cause
Du doux rayonnement qui vient, autour de moi,
    Embellir ici toute chose.

Salut, pays charmant, qui, pour guérir nos maux,
    Nous verse une onde salutaire
Qu'un chimiste éternel, sur ses ardents fourneaux,
    Prépare au centre de la terre!

Près des feux souterrains, dans son vaste alambic,
  C'est là qu'il accomplit sa tâche,
Combinant avec art la soude et l'arsenic,
  Depuis des siècles, sans relâche.

Aussi je ne puis voir les sources que ses mains,
  Des profondeurs, en abondance,
Font jaillir au grand jour pour les pauvres humains,
  Sans adorer la Providence

Qui sut placer toujours, pour nous mieux protéger,
  La pitié près de la souffrance,
L'amour près de l'enfant, l'abri près du danger,
  Et près du malheur, l'espérance !

LA PERLE NOIRE.

(SUR UN PORTRAIT DU SALON.)

Quelle est donc la perle noire
Dont j'ai gardé la mémoire,
Et que souvent j'admirais
Au palais de l'Industrie,
Cette immense hôtellerie
De tableaux et de portraits?

Dans son cadre emprisonnée,
Elle semblait étonnée
De ne pouvoir en sortir.
On eût dit que, de sa bouche,
Quelque mot tendre ou farouche
Allait soudain retentir.

De ses grands yeux de gazelles
Jaillissaient des étincelles,
Son regard était hautain.
Sa peau fine et colorée
Avait la teinte cuivrée
D'un beau bronze florentin.

Jamais la France ou l'Espagne,
L'Italie ou l'Allemagne
N'ont produit de pareils yeux.
C'est le soleil de l'Asie,
C'est l'Inde ou la Circassie
Qui brunirent ses cheveux.

D'où viens-tu, charmante fille?
D'Ispahan ou de Manille?
De Persé ou de l'Indoustan?
Es-tu la brillante almée,
Ou l'épouse bien-aimée
De quelque noble sultan?

Sur les sommets du Caucase,
As-tu fui devant l'ukase
Des impitoyables Czars;

Ou, luttant un contre mille,
De Karam ou de Schamyle
As-tu suivi les hasards?

Serais-tu l'Océanide
Dont la vigueur intrépide
Jusqu'à nous a retenti;
Et qui va, quand le jour baisse,
Se plonger avec ivresse,
Dans les flots de Taïti?

Je voudrais pourtant connaître
Le beau ciel qui te vit naître,
Le pays où l'on t'aima,
Le Dieu que ton cœur adore...
Qui donc est-il? Je l'ignore,
Mais ce doit être Brahma.

En voyant ton frais visage,
Ton épaule et ton corsage
Élégants et plantureux,
Je rêve à ta jambe fine,
A la souplesse divine
De tes contours amoureux.

Je crois voir la bayadère
Qui, du pied, frappe la terre,
S'agite, en cambrant les reins,
Et mollement se balance,
Réglant les pas de sa danse
Sur le son des tambourins.

Que tu sois esclave ou reine,
Ta douce voix de sirène
Et tes regards enivrants
Ont partout, au fond des âmes,
Allumé d'ardentes flammes
Et des désirs dévorants;

Car voilà que, sur ta trace,
Je galope dans l'espace,
Comme un ancien paladin
Poursuivant, au bout du monde,
Quelque beauté vagabonde
D'Haroun ou de Saladin!

Pise.

LES IMPROVISATEURS.

Je comprends maintenant, d'après ce que j'éprouve,
M'y sentant ranimé de feux inspirateurs,
Qu'en amour, comme en vers, en Italie on trouve,
Plus qu'en tout autre lieu, des improvisateurs.

Son soleil est si beau, son langage est si tendre!
Rien de plus séduisant que ses diminutifs!
Un seul mot en dit plus, à qui veut bien l'entendre,
Que n'en diraient, en cent, de pompeux adjectifs.

Dans le golfe de Naple, ou bien sur les gondoles,
A Venise, un beau soir, est-il quelque donna
Qui ne se trouve émue à ces simples paroles :
O delizie mie! o mia carina!

Le geste est plus nombreux, et toujours accompagne,
De chaleureux élans, ce qu'on veut exprimer.
Un regard y répond, lorsque votre compagne
Sent aussi, dans son cœur, qu'il est temps de s'aimer.

L'aveu semble un peu prompt, mais la vie est si brève,
Mais cet air est si pur, ce pays si charmant,
Qu'on n'y peut, en s'aimant, commencer un doux rêve
Sans en improviser, parfois, le dénoûment.

A MA FENÊTRE.

Tous les matins au moindre bruit
　　Prêtant l'oreille,
J'attends qu'en négligé de nuit
　　Elle s'éveille.

De ma fenêtre je la vois
　　Et je l'y guette,
Pour la surprendre quelquefois
　　A sa toilette.

Voilà que de son lit soyeux,
　　Nid de colombe,
Elle sort, en frottant ses yeux,
　　Puis y retombe!

Elle en descend pourtant enfin
 Et, dans sa chambre,
Parfume son corps souple et fin,
 D'iris et d'ambre.

Pour l'éclairer dans ses apprêts,
 Son rideau s'ouvre,
Et me livre tous les secrets
 Qu'elle découvre.

Vous plaindre serait sans raison
 Et sans justice,
Car vraiment cette trahison
 Vous est propice.

Que d'attraits, de riches contours
 Hélas! dérobe
Le frais satin et le velours
 De votre robe!

Rien n'est plus beau, plus de mon goût,
 Plus blanc, plus rose,
Pour vous parer, que rien du tout,
 Ou peu de chose.

Un simple et léger vêtement
  Pressé et dessine
La taille et l'embonpoint charmant
  De ma voisine.

Ses longs cheveux, flottant épars,
  Comme des saules,
Couvrent son cou, de toutes parts,
  Et ses épaules.

Complaisamment à son miroir
  Elle se mire,
Et quelquefois rougit de voir
  Ce que j'admire.

Ses deux mains se croisent alors
  Sur sa poitrine,
Pour y cacher certains trésors
  Que l'on devine :

Chaste maintien de l'embarras,
  Geste pudique,
Mais qui toujours ne prouve pas
  Ce qu'il indique.

Elle a parfois, en ce moment,
   Des airs de chattes,
Et caresse nonchalamment
   Ses longues nattes.

Sur son genou posant soudain
   Sa jambe fine,
Elle enferme son pied mutin
   Dans sa bottine;

Puis avec un mince aiguillon
   Qu'elle y promène,
Dans ce soulier de Cendrillon,
   Sa main l'enchaîne.

Petite main, doigts effilés,
   Signes de race,
Ongles brillants, bras potelés
   Qu'aimait Horace,

Elle a tout; je le crois, du moins,
   De la distance
Où je l'observe sans témoins,
   Sans défiance.

Son regard est limpide et franc,
    Sa joue est ronde,
Sa lèvre rose et son teint blanc,
    Car elle est blonde;

Blonde comme Ève, Hébé, Cypris,
    Ou Madeleine,
Comme l'amante de Pâris,
    La tendre Hélène.

Mais pour qui donc tant de souci
    De sa parure?
Pour qui relève-t-elle ainsi
    Sa chevelure?

Pour qui ces bandeaux gracieux,
    Et cette mouche,
Que vous placez entre vos yeux
    Et votre bouche?

Est-ce pour quelque jeune amant,
    Oiseau frivole
Qui ne se fixe qu'un moment
    Et puis s'envole;

Qui trop souvent ne laisse après
    Des jours d'alarmes,
Que des remords et des regrets,
    Trempés de larmes?

Eh bien, non, malgré ses appas,
    Je la crois sage.
Pourquoi n'en ferait-elle pas
    Un bon usage?

Pourquoi ce front, ces yeux si doux,
    Et tout le reste,
Ne seraient-ils pas d'un époux
    Le bien céleste?

S'il était vrai que son cœur d'or
    Fût sans mélange,
Et restât pur comme un trésor
    Que garde un ange;

Il faudrait alors envier
    Dans cette chambre,
Celui qui l'a, depuis janvier
    Jusqu'en décembre;

Celui qui peut, seul et sans bruit,
  Tendre et fidèle;
L'aimer le jour, et, chaque nuit,
  Dormir près d'elle.

SUR UN ALBUM.

Vous me demandez quelque chose,
Pour votre album, en satin rose.
Non pas, vraiment, vous n'aurez rien,
Car, voyez-vous, je sais fort bien
Que, si j'écrivais quelque chose,
Votre blanc front deviendrait rose,
Comme l'album que vous ouvrez
Pour que j'y mette, je suppose,
Quelques vers, par vous inspirés.

Non; pour plus tard je vous les garde.
Mais aujourd'hui je ne hasarde
(Et même en tremblant à demi)
Qu'un tout petit conseil d'ami :

Vous voulez être belle et sage;
C'est vouloir trop, en vérité!
Qu'auront donc qui les dédommage
Celles qui n'ont pas de beauté?

Granville.

LES MARTINETS.

Quand je vois les courses folles
Des martinets effarés,
Décrivant des paraboles
Comme des désespérés;

Quand leur troupe, dans l'espace,
Par de prompts et vifs retours,
Devant moi passe et repasse,
A l'angle des vieilles tours;

Quand j'observe les spirales
Qu'ils forment sur les clochers,
Au sommet des cathédrales,
Des grands mâts et des rochers;

Quand j'entends leur voix stridente
Comme un écho de l'enfer,
Je pense aux cercles du Dante;
Je crois voir passer, dans l'air,

Les tourbillons fantastiques
Des damnés aux doigts crochus,
Ou les ombres poétiques
Des pauvres anges déchus.

Quelquefois même il me semble
Quand, réunis deux à deux,
Le vent les emporte ensemble,
Entrevoir au milieu d'eux,

L'adorable pécheresse
Francesca de Rimini,
Cette image enchanteresse
De l'amour dans l'infini.

Leur fuite aussi me rappelle
(Regrets, hélas! superflus)
Le bonheur, autre infidèle,
Qui part, mais ne revient plus.

Sur leurs ailes vagabondes
Me laissant alors bercer,
Je voudrais vers d'autres mondes,
Pouvoir soudain m'élancer.

Bien loin, au delà des nues
Qui planent sur notre sol,
Jusqu'aux sphères inconnues
Je voudrais suivre leur vol;

Et là, comme un météore
Traversant l'immensité,
Monter, et monter encore
Au sein de l'éternité.

Que d'éclat! que de merveilles!
Que d'harmonieux accords!
Que de beautés sans pareilles
Parmi les célestes corps,

Dont le nombre insaisissable
Est plus grand et plus divers,
Que celui des grains de sable
Répandus au fond des mers.

Dans sa lumineuse orbite,
Qu'il soit satellite ou roi,
Chacun d'eux roule et gravite,
Par une infaillible loi.

Tout se cherche, tout s'attire,
Tout se repousse ou s'unit,
Depuis l'astre que j'admire
Jusqu'au plus humble granit.

Quand pourrai-je enfin connaître
Tous ces globes éclatants,
Où je reverrais peut-être
Ceux que j'ai pleurés longtemps?

.

Mais voila que, sur la terre,
Les martinets effarés,
Dans leur abri solitaire,
Se sont déjà retirés!

L'ombre couvre la nature;
On n'entend plus que le bruit
Des oiseaux de triste augure
Qui s'emparent de la nuit.

L'insecte crépusculaire,
Voltigeant de toutes parts,
Réunit de la lumière
Les derniers rayons épars;

Et, pendant que moi je rêve,
Tout suit son cours éternel :
Le flot monte sur la grève,
La lune éclaire le ciel;

La mer à sa blanche écume
Ouvre de larges sillons;
Et les voiles de la brume
S'étendent sur les vallons;

Le crabe affreux et burlesque,
D'un fol espoir animé,
S'avance d'un pas grotesque,
Et poursuit l'objet aimé;

Sur la vague étincelante
Les vaisseaux rentrent au port ;
Et dans sa couche tremblante
La fleur s'enferme et s'endort.

FATIMA.

POÉSIE KABYLE.

Petit oiseau, toi qui portes des ailes,
    Sur le figuier perche-toi;
Et quand la belle des belles,
    A qui j'ai donné ma foi,
Sortira, vole auprès d'elle:
Chante alors plus tendrement,
Caresse-la de ton aile,
Et baise son cou charmant.

O Fatima, toi que j'aime,
    Toi chez qui tout est mignon,
Par ta gentillesse extrême,
    Tu m'as, pauvre compagnon,

Dépouillé ; je te pardonne,
Reçois mon dernier présent.
Ma bourse est vide à présent ;
Et tu me dis toujours : Donne.

O taille de roseau, Fatima, Fatima,
　　Tu t'es brisée, hélas ! toi-même :
Un vieillard grisonnant, mais dont l'or t'enflamma,
　　Repose entre tes bras et t'aime.

Pour toi j'ai tout perdu, pour toi j'ai tout quitté,
Taille de cep de vigne, indocile et légère,
J'ai quitté la Dechra qui m'avait abrité,
　　J'ai même aussi quitté ma mère.

A la fontaine, un soir, le vent avait baissé,
Le sable était brûlant, j'en garde la mémoire,
Je te vis en passant, tu me donnas à boire,
Et moi, tout à loisir, alors je t'embrassai.

Tu poursuivis ta route, et mon turban à terre
Tomba ; je m'en souviens. C'était dans la saison
Des figues aux fruits blancs. Je restai solitaire.
Depuis lors, avec toi, voyage ma raison.

UN VIEUX HIBOU.

POÉSIE KABYLE.

Mon mari, ma mère,
N'est qu'un vieux hibou.
Que n'est-il sous terre,
Déjà dans un trou !

Il a la figure
D'un coq déplumé ;
La voix aigre et dure
D'un âne enrhumé.

Dès l'aube il allume
(C'est son seul plaisir)
Sa pipe, qu'il fume
Sans cesse, à loisir ;

Si bien que la crasse
De son vieux chibouck,
Lui donne la grâce
Et l'odeur d'un bouc.

Hélas! j'ai, ma mère,
Raba pour mari :
Sa lèvre sévère
Jamais n'a souri.

Le jour il m'évite,
Son regard me fuit ;
Il éteint bien vite
Sa lampe, la nuit.

Cette année encore
Je supporterai
Ce joug que j'abhorre...
Puis je m'enfuirai.

LE MESSAGER.

POÉSIE KABYLE.

Faucon au chaperon, oh! viens, j'espère en toi,
Viens, et sois aujourd'hui mon messager fidèle!
    Tu remplis ce doux emploi,
    Depuis longtemps, auprès d'elle.

    Tu seras l'ami du cœur
    Si, plus prompt que la gazelle,
    Tu vas porter, à ma belle,
Les chants que ce matin, sous les figuiers en fleur,
    Je viens de composer pour elle.

Pose-toi sur les genoux
De celle qui fait ma peine.
Son doux nom par un T commence... il est si doux
Que j'ose le redire à peine.

Porte mes chants d'amour à celle dont les yeux
Sont deux étoiles sans pareilles,
A celle dont le cœur et le front radieux
Sont aussi purs que l'or de ses pendants d'oreilles.

Je l'aime et je n'ai plus (ils ont fui sans retour)
Ni repos ni sommeil, tant mon âme est frappée !
J'ai la tête perdue, et je brûle d'amour
Quand je la vois passer, vers le déclin du jour,
Dans ses longs vêtements drapée.

Elle m'a dit : « Bientôt tu seras mon époux,
Jeune homme brun, j'ai ta parole.
Ma belle-mère est une folle ;
Mon mari n'est qu'un vieux jaloux.

« Il me fait surveiller, et sa vengeance est prête ;
Mais j'en ai fait serment sur le livre sacré,
Oui, bientôt je t'appartiendrai,
Dussent-ils me couper la tête ! »

Ces jours derniers, amis, j'ai revu mon trésor !
Voilà que tout à coup elle m'est apparue !
    C'était au détour d'une rue...
    Elle était plus charmante encor !

Comme la blanche lune, à sa clarté première,
Quand elle argente, au loin, et la terre et les cieux,
    Elle projetait, à nos yeux,
    Devant elle, sa lumière.

Tout le monde l'admire, et les hommes du Tell,
Et ceux du grand désert, et ceux de la montagne :
    Tous voudraient l'avoir pour compagne,
    Et n'ont jamais rien vu de tel.

Source de tant d'abus, c'est une forte somme
Qui l'a livrée, hélas ! au pouvoir de cet homme.

    Allah ! Allah ! Tu me comprends,
    Dieu des faibles et des grands,
    Toi qui lis dans tous les livres,
Je t'invoque, Seigneur, pour que tu la délivres !

C'est un monstre cruel qui, d'un bras triomphant,
L'a prise, et la retient, la malheureuse enfant.

Ses pleurs sur son beau sein qui tremble,
Coulent comme un torrent et fanent sa beauté.
    Rends-lui, Seigneur, la liberté!
Qu'elle puisse choisir quelqu'un qui lui ressemble!

    O mon esprit, il faut changer,
    Changer de rhythme pour ma belle,
    Prendre un langage doux comme elle,
    Et svelte comme l'oranger.

    Devant moi, lorsqu'elle passe
    Avec ses bandeaux flottants,
    Mon cœur vole sur sa trace,
    Mes yeux la suivent longtemps :
    J'aspire au bonheur suprême
    D'épouser l'enfant que j'aime;
    Déjà ma tête est en feux,
    Et voilà que je prépare,
    Pour cette beauté si rare,
    De nouveaux chants amoureux!

    Ah! fuyons sur ma cavale
    Qui jamais n'eut de rivale,

Ma pouliche de deux ans ;
Courons, pour changer de place,
Fuyons pour calmer mes sens,
Et me rassasier d'espace !!!

JEUNES FILLES ET JEUNES GENS.

POÉSIE KABYLE.

LES JEUNES FILLES.

Qu'il s'élance au combat, et plus prompt que la foudre,
    Qu'il fasse parler la poudre,
    Celui qui veut être aimé ;
    Qu'il marche au milieu des balles,
    Des tambours et des cymbales,
    Le front haut, l'œil enflammé !

    S'il donne gaîment sa joue
    A la crosse du fusil ;
    En combattant, s'il se joue
    De la mort et du péril ;

Alors dans les tribus, alors dans les familles,
 Partout admis, partout fêté,
Il pourra relever la tête avec fierté,
 Et crier : A moi jeunes filles !

LES JEUNES GENS.

Jeunes filles vous faites bien
De nous aimer, Dieu nous envoie
La guerre contre le chrétien,
Aimez-nous donc, aimez-nous bien,
 Et nous mourrons avec joie ;
Car si nos jours sont condamnés,
C'était écrit, c'était notre heure.
Mourons aimés sans qu'on nous pleure,
De notre gloire couronnés !
Et nous aurons du moins, ô nos belles maîtresses,
 Le souvenir de vos tendresses,
  De l'amour et des caresses
  Que vous nous aurez donnés.

UNE BONNE FORTUNE.

Dans un palais, non loin de Rome,
Un voyageur, noble Espagnol,
Élégant et charmant jeune homme,
De ceux qu'au Prado l'on renomme,
Rêvait, au chant du rossignol.

Il comptait les mille conquêtes
Qu'à la faveur de ses vingt ans,
Dans les boudoirs et dans les fêtes,
En tout pays il avait faites,
Ou qu'il ferait, avec le temps.

Il parcourait enfin le monde,
Non pour voir, mais pour être vu,
Et pour goûter, nouveau Joconde,
En courtisant et brune et blonde,
Les doux plaisirs de l'imprévu.

Or, ce soir-là, par aventure,
Une heure ou deux avant la nuit,
Un accident, une rupture
De pont, de route ou de voiture,
Dans cet endroit l'avait conduit.

Comme le pigeon de la fable,
Il avait, là, sans nul apprêt,
Trouvé bon gîte, bonne table,
Bon accueil, chambre confortable,
Et, quant au reste... il espérait;

Car ce logis, riche domaine,
Dont il avait franchi le seuil,
Avait, pour dame châtelaine,
Une jeune et noble Romaine,
Veuve, et portant encor le deuil.

Dois-je ajouter qu'elle était belle?
Vous l'avez déjà deviné;
Et, pour cette intrigue nouvelle,
Guzman (c'est ainsi qu'on l'appelle)
Croyait se voir prédestiné.

Ce nom de veuve, il faut le dire,
A quelque chose d'engageant,
Quelque chose qui vous attire,
Et fait rêver ce qu'on désire,
Surtout, le soir, en voyageant.

Il rêvait donc, au clair de lune,
Je vous l'ai dit auparavant;
Et de son heureuse fortune
Il attendait l'heure opportune,
Et s'endormait, en y rêvant :

Quand tout à coup un bruit l'éveille
Dans la sonore obscurité;
Inquiet, il fixe l'oreille,
Et bientôt distingue à merveille
Une vacillante clarté.

Sur son fauteuil il se soulève,
Le cou tendu, les doigts tremblants,
Et la portière qu'on relève
Laisse voir une fille d'Ève,
Qui vers lui s'avance à pas lents.

Sa traînante et blanche tunique
Froisse l'air.... Calme, d'une main
Elle porte une lampe antique,
Et de l'autre un poignard d'Afrique,
Enrichi du luxe romain.

« Qu'est-ce donc? quel est ce mystère? »
Le fantôme approche, et, sans bruit,
Glissant comme une ombre légère,
Dépose sur le lampadaire,
Sa pâle compagne de nuit.

Guzman, à sa clarté soudaine,
A, sur-le-champ, d'un seul coup d'œil,
Reconnu l'aimable Romaine
Qui, profitant du droit d'aubaine,
Lui fit, le soir, un doux accueil.

« C'est elle !... Eh ! oui... Dieu ! qu'elle est belle !
Le hasard me comble aujourd'hui, »
Dit-il, et, s'élançant près d'elle,
Il s'aperçoit que sa prunelle,
Sans le voir s'arrête sur lui.

« Elle dort !... quelle heureuse chance !
C'est charmant !... » et, pour commencer,
Il prend sa main avec prudence,
Puis sa taille, et puis, en silence,
Sur sa bouche imprime un baiser.

Mais que l'on dorme ou que l'on veille,
Un baiser, fût-il plus léger
Qu'un papillon ou qu'une abeille,
Se sent toujours ; et vous réveille,
Qu'on veuille ou non le partager.

Aussi la noble châtelaine
Frémit soudain, lève les yeux,
Puis aussitôt fière et hautaine,
Échappe à la main qui l'entraîne,
En repoussant l'audacieux.

Digne héritier des Alfarache,
Guzman, qui ne doute de rien,
Reprend alors son air bravache,
Et veut, en frisant sa moustache...
Ce qu'il veut, vous le savez bien.

*_**

Le lendemain, couché par terre,
Poignardé, les regards éteints,
On relevait le téméraire;
Et dans un voile de poussière,
A travers les marais Pontins,

Franchissant ravin et colline,
Six chevaux, au galop lancés,
Sur le chemin de Terracine,
Traînaient une sombre berline
Dont les rideaux étaient baissés.

*_

Mais laissons là ce noir mystère
Qui, pour vous, n'a rien d'attrayant,
Madame; et, pour vous en distraire,
Je vous dirai que l'on espère
Que cet hiver sera brillant.

Il n'est bruit que d'œuvres lyriques
De prétendus compositeurs,
Dont les refrains cacophoniques
Flattent les goûts macaroniques
De leurs nombreux admirateurs.

On nous promet des comédies
Qui, pour nous bien moraliser,
Nous apprendront mille infamies,
Et finiront en tragédies,
Afin de nous mieux amuser.

On parle de robes divines,
D'un charmant et nouveau camail,
De ravissantes pèlerines,
Et de parures florentines
De rubis, d'or mat et d'émail.

On cite enfin, ne vous déplaise,
Quelques beautés du dernier bal :
On parle d'une Bordelaise,
D'une Créole et d'une Anglaise
Qui tient, dit-on, de l'idéal;

Puis aussi d'une Arlésienne
Au profil grec, au corps bien pris,
A la démarche ionienne;
Mais surtout d'une Italienne
Qu'admire déjà tout Paris :

Car partout la jeune étrangère
Semble imposer sa royauté;
Car elle a, pour briller et plaire,
Les trois puissances de la terre :
L'or, le talent et la beauté.

De Carméla nul ne peut dire
Quel est au juste le vrai nom,
Quel motif à Paris l'attire;
Mais elle est riche, et l'on désire
Être reçu dans son salon.

Aussi chacun s'y précipite :
Nobles ou non, tous anoblis,
Beaux valseurs... sans autre mérite;
Enfin ce qu'on nomme l'élite
Des gentilshommes accomplis.

Eh bien, ce qui, je le soupçonne,
Vous surprendra, c'est que vraiment,
De tout ce monde il n'est personne
Qui se présente, ou qu'on lui donne
Ou pour époux ou pour amant.

D'où vient cela? C'est qu'auprès d'elle
D'un drame, encor mystérieux,
La sombre et tragique nouvelle
Vient refroidir un peu le zèle
De ceux qu'enflamment ses beaux yeux.

On raconte, et bientôt circule
Certaine histoire de poignard
Qui fait que le plus fat recule,
Et qu'il n'est, ma foi, pas d'Hercule,
Qui veuille en courir le hasard :

Car ce poignard qu'on voit sans cesse
Dans son alcôve suspendu,
N'est pas celui dont la sagesse
Jadis, dit-on, arma Lucrèce
Pour sauver son honneur perdu ;

Mais bien celui que l'Andalouse,
Pour gardien fidèle et caché,
De sa vertu fière et jalouse
Ou comme fille ou comme épouse,
A son genou porte attaché.

Cependant, malgré la chronique
Dont on a lieu d'être surpris,
Un soupirant, plus héroïque,
De cette beauté poétique
Se montre éperdument épris.

Sa pâleur, un peu maladive,
Lui donne un air intéressant;
Et, sur sa figure pensive,
On voit qu'une âme ardente et vive
Anime son corps languissant.

En chevalier tendre et fidèle,
Au bois le jour, au bal la nuit,
Partout où se trouve sa belle,
Mais sans oser s'approcher d'elle,
De son regard il la poursuit.

Longtemps d'abord indifférente
A cet amour sage et discret,
Dont parfois même elle plaisante,
Carméla, plus compatissante,
Y prend enfin quelque intérêt.

Son œil noir, avec complaisance,
Vers celui du jeune étranger
Se tourne... et, loin de sa présence,
Sans le vouloir, sans qu'elle y pense,
Carméla ne fait qu'y songer.

De ses soupirs, de ses œillades,
Éprouvant presque le besoin,
Les plaisirs lui semblent maussades,
Les succès importuns et fades,
Lorsqu'il n'en est pas le témoin.

Toujours discret, mais moins timide,
Notre galant, non sans trembler,
Ose parfois, d'un œil avide,
La contempler; et se décide
Un jour enfin à lui parler.

Mais il se trouble, et son visage
Rougit, pâlit au même instant.
On le rassure ; on encourage
Ses aveux et son doux langage,
On s'attendrit en l'écoutant.

Cher lecteur, vous devez comprendre...
Ou, si je suis assez heureux
Pour qu'une lectrice, au cœur tendre,
Ait bien voulu se laisser prendre
Au roman de mes amoureux;

Vous devez comprendre, madame,
Que lorsqu'on en est à ce point
Où, dans nos yeux, brille notre âme,
On s'entend vite, et qu'une femme
Bien longtemps ne se défend point.

Mais, quand son cœur est pur et sage
(Comme on en voit peu de nos jours),
Il faut alors, pour qu'il s'engage,
Que les saints nœuds du mariage
Viennent consacrer ses amours.

Aussi, tout fier de sa conquête,
Notre héros, le lendemain,
Jour de triomphe et jour de fête,
Va-t-il présenter sa requête
Et faire l'offre de sa main.

Rien ne saurait peindre et décrire
L'émotion de Carméla,
L'enivrement de son sourire;
Et son regard semble lui dire :
Soyez béni pour ces mots-là!

Puis tout à coup, tremblante et blême :
« Eh quoi ! vous seriez mon époux !
Ce serait le bonheur suprême ;
Et cependant, moi qui vous aime,
Je ne puis, hélas ! être à vous !

« Je vous dois un aveu fidèle :
Cette main... la main que voici,
Fut un jour coupable et cruelle,
Et, quand vous saurez tout, dit-elle,
Vous la repousserez aussi.

« Apprenez... — Je sais tout, madame,
Je sais qu'un soir... il était tard...
Auprès de Rome... un homme infâme
Outragea la plus noble femme,
Qui le frappa de son poignard.

« On le crut mort... mais à la vie
Il revint... et, depuis ce jour,
Ce qui n'était qu'effronterie,
Trouble des sens, forfanterie,
Est devenu : respect, amour.

« Écoutez, écoutez encore...
Ce débauché sans foi ni loi,
Est repentant et vous implore,
Car c'est vous, c'est vous qu'il adore...
Et cet audacieux : c'est moi !

« Oh ! ne lancez pas d'anathème,
Je vous le demande à genoux.
Depuis le jour où je vous aime,
Rien ne m'est plus... rien que vous-même !
Pour moi, le monde est tout en vous.

« Que de fois, dans mon insomnie,
Sur mon lit, sans force, étendu,
Que de fois je vous ai bénie
D'avoir purifié ma vie,
Dans ce sang par vous répandu !

« Un seul espoir alors, madame,
Me soutenait... il m'a sauvé ;
Et si vous lisiez dans mon âme
Vous y verriez qu'en traits de flamme
Un seul nom y reste gravé.

« Oubliez ma jeunesse folle,
Pardonnez-moi : je n'aimerai,
Je vous en donne ma parole,
Jamais que vous, vous, mon idole,
Vous qui m'avez régénéré ! »

En entendant sa propre histoire,
Carméla, le front soucieux,
Semble chercher dans sa mémoire
Un souvenir, et ne peut croire
Qu'elle ait alors, devant les yeux,

Celui dont l'insolente audace,
Pour prix de l'hospitalité,
Sans égard pour sa noble race,
Voulut, ainsi que Lovelace,
Faire outrage à sa chasteté.

Ce n'est plus ce regard sceptique.
Ce sourire amer et moqueur,
C'est un visage sympathique,
C'est une voix mélancolique
Qui la pénètre et vient du cœur.

Sa surprise est étrange, extrême...
Haï d'abord, il est aimé,
Car c'est un autre que lui-même
Celui que maintenant elle aime,
Et que l'amour a transformé.

Elle demeure, en sa présence,
Interdite... à peine y croyant;
Quelque temps contemple, en silence,
Ces traits pâlis par la souffrance,
Soupire et pleure en les voyant.

Sa faible voix, pleine de charmes,
Murmure quelques mots tout bas...
Son œil se voile... et, tout en larmes,
A son amant rendant les armes,
Elle se jette dans ses bras.

*
* *

Ami lecteur (si j'ai la chance
D'en avoir pu rencontrer un),
Vous prévoyez ici, je pense,
Le dénoûment de circonstance ;
Mais comme il est un peu commun,

Sans plus tarder je le termine
Dans un charmant palais romain
Où Carméla, beauté divine,
A don Guzman (on le devine)
Avec son cœur donna sa main.

Nîmes.

L'APPARITION.

Je me suis bien souvent moqué du spiritisme,
Je le traitais d'absurde et pur illuminisme,
Et ne comprenais pas que l'on pût déranger
Sans façon, pour les voir et les interroger,
Aristote ou Platon, Euripide ou Socrate,
Qu'on pût même, au besoin, consulter Hippocrate,
Causer avec Tibulle, Horace ou Cicéron,
Interpeller Sénèque ou le docte Varron.

Un fou de mes amis (passez-moi l'épithète)
Quelquefois, à jour fixe, invitait Épictète,

Et bien d'autres encor, dès longtemps endormis
Du sommeil éternel qui leur était promis.
Et que demandait-il à ce grand philosophe?
Le nom de quelque objet, la couleur d'une étoffe.
Si quelqu'un critiquait ces questions sans but,
« Notre art, répondait-il, n'en est qu'à son début,
Mais, plus tard, pénétrant dans le secret des choses,
Nous connaîtrons enfin les effets et les causes,
Et tous ces grands esprits, venant à notre appel,
Dévoileront pour nous les mystères du ciel. »
Eh bien, moi qui trouvais tout cela ridicule,
Moi qui, jusqu'à présent, me montrais incrédule,
Et de ces visions m'étais toujours moqué,
Voilà que, tout à coup, j'ai moi-même évoqué,
Non, comme ces messieurs, simplement un seul homme,
Mais tous les citoyens de la Gaule et de Rome,
Plébéiens, sénateurs; et par moi rassemblés,
Pendant une heure au moins je les ai contemplés!

Dans le cirque j'ai vu les pudiques Vestales,
A la place d'honneur assises sur les dalles;
J'ai vu vers le *podium*, précédé des licteurs,
Monter le proconsul suivi des sénateurs,
Dont la pourpre de Tyr ornait les laticlaves.

Puis venaient les tribuns, la plèbe, les esclaves ;
Tout ce peuple, en un mot, si superbe et si grand,
Gravissait les degrés, chacun selon son rang ;
Et moi, moi j'admirais cette foule idolâtre
Des jeux ensanglantés de son amphithéâtre.

Le silence régnait parmi les spectateurs :
On allait donc enfin voir des gladiateurs,
Des tigres, des lions ou des hommes (qu'importe!),
Déjà des *cuneæ* l'on entr'ouvrait la porte.
Tous les cœurs palpitaient ; et ces nobles Romains
Voyant le sang couler allaient battre des mains...

Une voix, tout à coup, stridente, acariâtre,
Retentit... Et voilà que, de l'amphithéâtre,
Tout ce peuple, à l'instant, disparaît à mes yeux,
Pour rentrer dans la tombe où dorment ses aïeux !

C'était l'affreux gardien des arènes de Nîmes,
Où mon âme évoquait ces ombres magnanimes,
Qui vers moi s'avançait, et venait m'avertir
Que la nuit approchait et qu'il fallait sortir.

Le soleil en effet commençait à descendre,

Et les bruits de la ville, en se faisant entendre,
Me rejetaient soudain dans la réalité,
Loin de cet ancien monde, où m'avait transporté
L'aspect des vieux débris de la grandeur romaine,
Survivant au néant de la puissance humaine.

LA NAISSANCE DE VÉNUS.

(SUR UN TABLEAU DU SALON)

Vénus, la blonde,
Vient de sortir
Du sein de l'onde,
Et va partir,
Courir le monde
Et l'embellir.

Son front repose
Sur son bras blanc.
Sa lèvre est rose,
Son œil brillant.

A sa figure,
Sa chevelure
S'unit sans art,
Et, comme un saule,
Sur son épaule,
Flotte au hasard.

Sa jambe est ronde;
Son pied charmant
S'étend sur l'onde
Nonchalamment.

C'est l'immortelle
Que Praxitèle
Jadis créa!
C'est la déesse
Que, dans la Grèce,
On adora!

Blanche et vermeille,
Elle s'éveille
A peine au jour;
Et son sourire
Donne et respire
Déjà l'amour.

Tendre et cruelle,
Oui c'est bien elle
La déité
Qu'avec ivresse,
Chanta Lucrèce;
C'est la déesse
De la beauté!

Servon.

LES PAPILLONS.

Va, cours, mon cher enfant, poursuis dans les sillons,
 Sur les genêts et la fougère,
Dans les prés, dans les bois, les brillants papillons,
 Armé d'une gaze légère.

Ton esprit est comme eux, il va de fleur en fleur,
 Suit le caprice qui l'entraîne;
S'enivre d'un printemps aussi doux que le leur,
 Et sans savoir qu'il dure à peine.

Que tu parais joyeux quand tu tiens dans ta main
 Quelque nouveau lépidoptère.
Argus ou Corydon, Phœbé, Mars où Vulcain,
 Ou le Machaon solitaire!

Tu lui perces le flanc, de peur que ton captif
    A sa prison ne se dérobe;
Puis tu cherches son nom, et, d'un œil attentif,
    Tu le vois écrit sur sa robe.

Tu reviens triomphant, et je crois que Jason,
    Quand ton butin couvre ta tête,
Fut moins fier autrefois de sa riche toison,
    Que tu ne l'es de ta conquête.

Quelquefois cependant, vainqueur plus généreux,
    Ta main s'entr'ouvre et le délivre;
Et tu te plais à voir combien il est heureux
    De voler, d'aimer et de vivre.

Tu poursuivras un jour bien d'autres papillons,
    Pauvre enfant encor si paisible;
Mais ce sont eux alors qui, de leurs aiguillons,
    Perceront ton cœur trop sensible.

Cours après ceux des champs, suis-les au fond des bois,
    Et rapporte-les à ta mère.
Son amour est si tendre et si calme à la fois,
    Et, comme eux, n'est point éphémère.

Le plus léger contact, en faisant sous tes doigts
        Tomber l'écaille de leurs ailes,
Les déflore aussitôt et flétrit, tu le vois,
        L'éclat de leurs couleurs si belles :

Le moindre souffle aussi ternit la pureté
        Du cœur qu'il trouble ou qu'il enflamme.
De la pêche, en sa fleur, le charmant velouté
        Est sur ta joue et dans ton âme :

Cherche tes papillons ; va, donne un libre essor
        Aux doux plaisirs de ton enfance !
Ce sont là les meilleurs, garde longtemps encor
        Ce frais parfum de l'innocence !

Car l'innocence, enfant, c'est ignorer le mal,
        C'est ne voir qu'à travers des roses
L'avenir qui, pour toi, plus pur que le cristal,
        Ne m'offre, à moi, que sombres choses.

LE COIN DU FEU.

Quand la flamme au doux reflet
      Bleuâtre,
Saute comme un feu follet,
      Dans l'âtre;

Quand tout dort et qu'il fait nuit
      Bien sombre;
Lorsqu'on n'entend aucun bruit
      Dans l'ombre;

J'aime, en allongeant un peu
      La jambe,
M'asseoir auprès d'un bon feu
      Qui flambe.

La fumée, en tournoyant,
S'élève,
Et toujours en la voyant
Je rêve;

Et mon esprit, trop souvent
Frivole,
Sur sa trace, au gré du vent,
S'envole.

Mais je suis là doucement
Sans gêne,
Depuis un petit moment
A peine,

Que déjà mon feu de bois
Pétille,
Pleure, soupire et parfois
Babille.

Un grillon trouble en courant
Mon gîte;
Ma bouilloire, en murmurant,
S'agite.

Un Djinn, enragé lutin,
  Commence,
Sous le couvercle d'étain,
  Sa danse;

Le soulève et le rabat
  Sur l'onde;
Et fait le plus grand sabbat
  Du monde.

Ma table aussi, j'en ai peur,
  Récèle,
Ce soir, quelque esprit frappeur
  En elle;

Car je la vois qui, là-bas,
  Se cabre
Pour exécuter un pas
  Macabre.

A tout comme il faut pourtant
  Un terme,
Ma paupière en cet instant
  Se ferme.

M'endormant fort à propos,
J'espère
Trouver enfin un repos
Prospère.

Mais voici qu'un animal
Obèse,
Sur moi se met à cheval,
Et pèse

Tantôt comme un éléphant
Énorme,
Ou bondit comme un enfant
Difforme !

De pouvoir en triompher
Je tâche,
Car il voudrait m'étouffer,
Le lâche !

Sa main, si je veux parler,
Me bouche,
Pour m'empêcher d'appeler,
La bouche.

Ouf! holà? Je n'en puis plus...
      A l'aide!
Mes efforts sont superflus...
      Je cède.

Mais non, voilà que soudain
      J'aspire
Un air frais... c'est le matin!..
      Vampire,

Larve, esprits, petits et grands
      Fantômes,
Farfadets et corrigans,
      Et gnomes,

Tout s'échappe avec un bruit
      De chaîne...
Adieu donc... jusqu'à la nuit
      Prochaine!

Je la voudrais, mais en vain,
      Plus douce,
Si je bois encor d'un vin
      Qui mousse;

Car c'est lui qui dans ce jour
Peut-être,
M'a joué ce vilain tour,
Le traître !

Car ces lutins qui nous font
La guerre,
Sont toujours cachés au fond
Du verre.

UNE ILLUSION.

Ah! dans cet heureux temps, que je regrette encor,
Où tous mes jours n'étaient que de longs rêves d'or,
    Mes nuits de tendres sérénades,
Votre bras sur le mien et tous les deux errants,
Que nous aurions, hélas! dans ces bois enivrants,
    Fait de charmantes promenades!

Je les fais aujourd'hui seul et pensant à vous,
A ces bonheurs passés et qui m'étaient si doux;
    Je crois vous voir, touchant à peine
Le sol, où sous vos pas semblaient croître les fleurs;
La terre avait alors de plus riches couleurs,
    Vous en étiez la souveraine.

Le son de votre voix était un chant d'oiseau,
Vos yeux un pur rayon, votre taille un roseau :
    Votre cou, comme un cou de cygne,
Ondulait mollement quand votre pied marchait;
Que de fois, dans la foule où mon cœur vous cherchait,
    Je vous reconnus à ce signe!

J'ignore où maintenant vous conduisent vos pas,
Dans quels lieux vous vivez; et, là, je ne sais pas
    Quel souvenir vous accompagne;
Mais voilà que soudain, sans comprendre pourquoi,
Il me semble aujourd'hui vous sentir près de moi,
    Vous promenant dans la montagne!

Je crois vous voir encor, belle comme autrefois,
Je crois entendre encor l'accent de votre voix,
    Comme vous délicate et douce :
Nous marchons lentement, l'un sur l'autre appuyés,
Et je tremble déjà de voir vos petits pieds
    Mouillés dans l'herbe et sur la mousse;

Car partout la rosée humecte les gazons;
Le brouillard du matin borne les horizons,
    Et cache à nos yeux la vallée;

Mais bientôt le soleil, d'un regard indiscret,
Pénétrant peu à peu son asile secret,
    Nous la montre à demi voilée.

Elle s'éveille enfin! Tout s'éclaire à la fois!
C'est l'heure, il faut partir : entrons sous ces grands bois
    Dont le silence vous étonne.
On n'entend jamais là que le bruit du ruisseau,
Que le souffle du vent, que le chant de l'oiseau,
    Qui déjà nous prédit l'automne.

Tout va prendre, avec lui, de plus sombres couleurs.
L'automne de la vie enlève aussi les fleurs
    Qui souriaient sur notre route.
Vous aimiez, autrefois, les voyant rassemblés,
A cueillir, en marchant, des bluets dans les blés...
    Vous ne les aimez plus sans doute.

Des bluets maintenant ce n'est point la saison;
Mais j'ai trouvé, là-bas, au pied d'un frais buisson,
    Une autre fleur d'un bleu plus tendre;
Je l'ai prise en passant, peut-être je lui dois
De vous avoir revue au milieu de ces bois,
    Où je crus aussi vous entendre.

Douce erreur d'un moment! car déjà votre voix,
Comme un écho lointain expire au fond des bois;
    Je regagne alors ma demeure,
L'emportant avec moi ce : *Ne m'oubliez pas,*
Qui fleurit moins souvent aujourd'hui sous mes pas,
    Et sera fané tout à l'heure.

Richebourg.

LA PIROGUE.

Les hautes herbes
Du lac profond,
Par grandes gerbes
Courbent leur front.

Un vol immense
D'oiseaux épars,
Crie et s'élance
De toutes parts.

Le flamant rose,
Grave et rêveur,
Cherche la cause
De leur frayeur.

Est-ce l'horrible
Camaïldor,
Ou le terrible
Alligator?

Qui donc se glisse
Dans les roseaux?
Qui trouble et plisse
Ainsi les eaux?

Qui nage ou vogue
Sans craindre rien?
C'est la pirogue
De l'Indien.

Elle s'avance
Vers la forêt,
Glisse en silence
Et disparaît.

Cannes.

UNE ÉMOTION.

C'est déjà l'Italie et presque l'Orient
      Que ce doux pays où j'arrive.
Tout y paraît joyeux, tranquille, souriant,
      Il semble enfin que l'on y vive

Exempt des noirs soucis, des chagrins qu'ici-bas
      Nous éprouvons au sein des villes ;
On s'y sent éloigné de nos tristes débats,
      A l'abri des guerres civiles.

La nature est si calme et le ciel est si pur,
      Les flots si doux, les eaux si claires,
Qu'on s'y prend à rêver, en voyant leur azur,
      A ces îles imaginaires

Où régnaient, au profit d'un fortuné mortel,
  Favori de quelque déesse,
Les plaisirs enivrants d'un printemps éternel,
  Sans aucune ombre de tristesse.

Et pourtant ce pays, où fleurit l'oranger,
  Où l'existence a tant de charmes,
A vu, souvent aussi, foulé par l'étranger,
  Son sol ému du bruit des armes.

C'est là que, pour leurs chefs, Vitellius, Othon,
  Dans leur fureur sombre et sauvage,
Les Romains autrefois, de Fréjus à Menton,
  Ensanglantèrent le rivage :

C'est là que le vainqueur d'Austerlitz et d'Eylau
  Vint un jour camper dans la plaine,
Pour perdre de nouveau son trône à Waterloo,
  Et pour mourir à Sainte-Hélène.

Au moins, doit-on penser que ces îlots charmants,
  Saint-Honorat et Marguerite,
Ont pu se préserver de ces déchirements,
  Et que le bonheur les habite.

Non ; ne le croyez pas ; un souvenir amer
    Vous y poursuivra j'imagine,
Car c'est là que, seize ans, l'homme au masque de fer
    Expia sa noble origine.

Mais le danger s'oublie! On l'a dit. Je le croi,
    Puisque c'est le bon La Fontaine :
Il parlait des lapins, et je veux parler, moi,
    De notre pauvre espèce humaine.

On oublie en effet, pour quelque temps du moins,
    Ici, comme en des jours de fêtes,
Les malheurs dont nos yeux ont été les témoins,
    Et ceux qui planent sur nos têtes.

On aime à retrouver, au milieu des hivers
    Et sous le ciel de la patrie,
Un éternel printemps, des arbres toujours verts,
    Les beaux palmiers de l'Algérie ;

L'arbousier, le cytise et le genèvrier
    Que nous a décrits de Candolle,
La cassie odorante, et le fin poivrier,
    Avec ses fleurs en girandole ;

L'aloès aux grands bras, qui semble contre vous
  Se tenir sur la défensive,
Les légers mimosas d'un feuillage aussi doux
   Que la pudique sensitive ;

L'olivier de la Grèce, et les pins-parasol
  Avec leur ombre salutaire ;
L'eucalyptus, qui doit régénérer le sol,
  Et guérir tous les maux sur terre.

Que vous dirai-je enfin? ces arbres d'Orient,
  Ces fleurs de l'Inde et de l'Afrique,
Ce ciel bleu, cet air pur et ce soleil brillant
  Produisent un coup d'œil magique.

Cependant, j'en conviens, dans ces paisibles lieux,
  Qui sont pour nous un vrai dictame,
Rien, non rien, jusqu'ici, tout en charmant mes yeux,
  N'avait encor touché mon âme.

Ce n'est pas ce qu'on voit, mais bien ce que l'on sent
  Qui nous émeut et nous transporte.
Que ce soit un palais, un marbre éblouissant,
  Une fleur, un oiseau... qu'importe !

Le point, c'est d'être ému... je le fus, une fois.
    Un faible enfant en fut la cause :
Il avait de grands yeux, une timide voix,
    Une figure blanche et rose ;

De blonds cheveux bouclés, autour du cou flottants...
    C'était un vrai portrait de Greuze !
Il courait sur le sable, et, là, de temps en temps,
    Sa bouche enfantine et rieuse

Poussait de petits cris quand la vague approchait,
    Car il était sur le rivage.
Sa mère le tenait par la main, et marchait,
    En regardant son doux visage.

Elle avait, comme lui, les pieds nus, et l'enfant
    Allait, venait, sans paix ni trêve,
Quand le flot s'éloignait le suivait triomphant,
    Puis, quand il montait sur la grève,

Se rejetait soudain auprès de sa maman
    Qui l'en rapprochait davantage ;
Et, d'un tendre regard, merveilleux talisman,
    Semblait raffermir son courage.

Le pauvre enfant croyait se livrer à des jeux;
  Mais en voyant la jeune mère,
On sentait que son cœur, reflété dans ses yeux,
  Nourrissait une crainte amère.

Rien n'était plus touchant que ce charmant tableau,
  Que cet enfant et cette femme,
Plongeant timidement leurs petits pieds dans l'eau,
  Et, pour tous deux, n'ayant qu'une âme.

UNE FLEUR PERDUE.

Il est une certaine fleur
Que jadis la mère et la fille
Entretenaient dans la famille,
Et cultivaient avec bonheur.

Ce n'était pas dans le parterre,
Dans le jardin ou dans les bois,
Mais près du foyer solitaire
Qu'on la rencontrait autrefois.

Le calme était son bien suprême :
On craignait qu'un rien la troublât;
Et cependant ce trouble même
Lui donnait un nouvel éclat.

La jeune fille, blonde et rose,
Aimait alors à s'en parer;
Mais aux bords que la Seine arrose,
On la voit peu s'en décorer.

Chaste fleur! Dans les temps antiques,
On t'élevait de saints autels;
Au nombre des dieux domestiques
On t'adorait chez les mortels.

C'est toi dont la grâce naïve
Poétisait l'instant si doux
Où la vierge, aimante et craintive,
Attendait son nouvel époux;

C'est toi dont l'ombre protectrice,
Frais abri du bonheur légal,
De toute atteinte séductrice
Préservait le toit conjugal.

Pauvre fleur! aujourd'hui personne
N'admire ses reflets charmants;
Et l'on préfère à sa couronne
Les rubis et les diamants.

Avec mépris on la regarde
Comme un produit d'un autre temps,
Comme une plante que l'on garde,
Dans un herbier pour les enfants.

Qui donc es-tu, toi que l'abeille
Ne connaît point, charmante fleur?
Ta couleur est blanche ou vermeille,
Et l'on te nomme : la Pudeur.

Étretat.

SUR LA PLAGE.

Toi qui fus si longtemps le paisible Etretat,
    Pauvre nid caché sur la plage,
Et connu seulement des pêcheurs, dont l'état
    Est de lutter contre l'orage ;

Te voilà maintenant, te voilà, chaque été,
    Comme Tréport, Dieppe et Trouville,
Favori de la mode, et comme eux visité
    Par tous les gandins de la ville!

Aussi, de tous côtés, s'élèvent promptement
    Où s'inclinaient d'humbles chaumières,
Des villas, des hôtels, un casino charmant,
    Plein d'harmonie et de lumières ;

Et, quand vient la saison, partout sur les galets,
    Sur la falaise et la colline,
Que le pêcheur, hier, couvrait de ses filets,
    On voit errer la crinoline,

Les chapeaux effrontés, les petits pieds mignons
    Dans leurs bottines provocantes,
Les cheveux, vrais ou faux, relevés en chignons,
    Et les voilettes intrigantes.

Jeune et brillant essaim de frivoles beautés,
    Qui s'enfuit quand le froid arrive,
Et revient aux temps chauds, pour raison de santés,
    Parler d'amour sur cette rive,

Dans ces lieux où jamais on n'entendait, avant
    Ces jours de plaisir et de fête,
Que l'éternelle voix de la vague et du vent
    S'entretenant de la tempête.

C'est là qu'on trouve encor, plongeant dans les flots bleus,
    Ou se promenant sur l'arène,
Cet être séduisant, qu'on croyait fabuleux,
    Et que l'on nomme la sirène.

Sa voix est un doux miel, son regard est divin,
    Mais leur douceur est apocryphe;
Sa main est douce aussi, mais, sous son gant jouvin,
    L'on a souvent senti sa griffe.

A ses tendres soupirs, à ses propos galants,
    Bruits inconnus sur ces rivages,
Inquiets et troublés, les hardis goëlands
    Répondent par des cris sauvages.

Ils regrettent le temps où, maîtres souverains
    De ces rochers infranchissables,
Ils n'avaient pour témoins que de rudes marins,
    Pêcheurs, comme eux, infatigables.

1er avril.

LE CHANT DU MERLE.

Déjà fleurissent les pervenches,
Voici le printemps de retour;
Le merle siffle sur les branches,
Et l'annonce aux bois d'alentour!

Le pinson redit la nouvelle,
D'un ton joyeux et décidé,
Au moineau franc qui bat de l'aile,
En criant comme un possédé.

Alors de tous côtés arrive,
Revenant de pays divers,
Mainte peuplade fugitive
Que font émigrer nos hivers.

C'est l'élégante bergerette
Qui s'établit sur un osier ;
Le rouge-gorge et la fauvette
Qui craint le froid pour son gosier.

On cause, on se cherche, on s'appelle
Sur l'arbre où l'on fera son nid ;
Comme chez nous l'on s'y querelle,
Mais pour s'aimer chacun s'unit ;

Chacun pour l'hymen qui s'apprête
Revêt ses plus riches habits,
Ses habits de noce et de fête,
Où brillent l'or et les rubis.

Dans les bois et sous la charmille,
Partout on prépare, en chantant,
Le doux berceau de la famille
Qu'au milieu des fleurs on attend.

Chantez, aimez, plus de souffrance !
C'est le premier jour du printemps,
Et le printemps c'est l'espérance !...
Mais l'espérance n'a qu'un temps.

.*.

Bientôt, hélas! vous, tendres mères
(On souffre toujours par le cœur),
Vous connaîtrez peines amères,
Vous craindrez pour votre bonheur.

Le moindre vent sous le feuillage,
Le moindre bruit vous effraîra,
Vous craindrez le moindre nuage
Qui sur votre nid passera.

Peut-être quelque main cruelle
Viendra vous prendre vos petits
Qui, sous votre aile maternelle,
Hier encore étaient blottis.

Mais aujourd'hui plus de souffrance,
C'est le premier jour du printemps,
Et le printemps c'est l'espérance,
Le monde alors n'a que vingt ans!

Cannes.

LE LICHEN.

> Dieu est tout à la fois moteur
> et immobile.
> (MALEBRANCHE.)

Parmi les végétaux dont je fais l'examen,
Je voudrais aujourd'hui vous parler du lichen ;
Et, sachez-le d'abord : c'est une cryptogame.
Lichen veut dire en grec : une lèpre, madame :
Non celle assurément qui, de nos jours, ferait
Enfermer, à bon droit, un homme au Lazaret,
Comme on vit autrefois, argument sans riposte,
Séquestrer le lépreux de la cité d'Aoste.
Pourtant, c'est une lèpre... oui, lèpre, entendez-vous?
Et l'hiver quand parfois, pour calmer votre toux,
Pour rafraîchir un peu votre gorge enflammée,

Vous prenez sagement la pâte ainsi nommée,
Vous ne soupçonnez pas en ce moment, je crois,
Que vous tenez la lèpre entre vos jolis doigts.
N'en ayez pourtant pas une frayeur trop grande.
Ce lichen bienfaisant vous est venu d'Islande ;
L'autre sur nos rochers se rencontre souvent,
Mais pour le reconnaître il faut l'œil d'un savant.
Il croît sur le granit, le silex et le plâtre :
C'est une tache informe, un peu verte ou blanchâtre,
Qui, parfois s'attaquant aux marbres de Paros,
Flétrit les traits charmants d'Aphrodite ou d'Éros.
Quelques siècles pour lui ne sont pas une affaire ;
Il ronge, avec le temps, un arbre centenaire.
De tous les végétaux il est le premier-né ;
Et malgré ses méfaits, de Candolle et Linné,
De La Mark et Jussieu, tous les grands botanistes,
A la place d'honneur le mettent sur leurs listes.
Pour eux, auprès de lui, le cèdre et le cyprès,
L'orme et le baobab, ce nestor des forêts,
Les plus brillantes fleurs, l'anémone et la rose,
La jacinthe et l'œillet ne sont que peu de chose.
Vous désirez peut-être en savoir la raison,
Madame, et je suis sûr que, dans votre maison,
Dans votre beau jardin où de riches corbeilles

Étalent à nos yeux les plus rares merveilles,
Vous maudissez souvent, en cueillant vos fruits mûrs,
Ces taches que l'on voit s'étendre sur vos murs.
Eh bien, vous ignorez que, sans ce parasite
Qui souille impudemment les endroits qu'il visite,
Vos arbres et ces fleurs qui naissent sous vos pas,
Seraient encore à naître, et ne le pourraient pas!

Pour vous le démontrer et vous en faire juge,
Il faut nous transporter au delà du déluge.
Je devrais même ici, peut-être, à ce propos,
Ainsi que l'Intimé remonter au chaos;
Montrer les éléments de l'inerte matière,
Mêlés et confondus dans la nature entière;
Citer Buffon, Cuvier, Saint-Hilaire et Darwin;
Mais je crois, entre nous, que j'essaîrais en vain
De vous faire adopter le point de leur doctrine
Qui de notre planète expliquant l'origine,
Se montre en désaccord, j'en conviens aisément,
Avec l'orthodoxie et l'Ancien Testament.
Qu'importe cependant que le grand Architecte,
Qu'on implore à genoux, que j'adore et respecte,
Animant à sa voix les éléments divers,
En six jours seulement ait créé l'univers;

Qu'en disant : *Fiat lux*, dans sa clarté première,
Il ait, en un instant, fait jaillir la lumière!
L'ouvrage de ses mains en est-il différent?
Son pouvoir créateur en serait-il moins grand,
Sa volonté suprême enfin moins infaillible,
Pour n'être pas conforme à ce que dit la Bible,
Dont le texte d'ailleurs, trop souvent commenté,
Dut être mal compris ou mal interprété,
Puisqu'on sait qu'en hébreu (de là vient l'équivoque)
Chacun de ces six jours désignait une époque?

Retournons au lichen : oui, mais auparavant,
Il faut encor, ici, me poser en savant,
De la création rechercher le mystère,
Et faire en peu de mots l'histoire de la terre.

Son état primitif, d'abord vulcanien,
Passe ensuite à celui nommé neptunien.
Dans le premier des deux sa masse incandescente
N'est qu'un globe de feu, qu'une fournaise ardente.
L'or, le cuivre et le fer, tous les plus durs métaux,
Liquides et bouillants se mêlent aux cristaux.
Nul être organisé n'y vit et ne l'habite,
Et, des siècles durant, décrivant son orbite,

Elle tient en suspens les fleuves et les mers
En brouillards éternels répandus dans les airs.

Peu à peu cependant la terre, à sa surface,
S'éteint et s'affermit en roulant dans l'espace,
Et permet aux vapeurs, en se refroidissant,
De retomber en eau sur le roc frémissant ;
Puis, quand sa croûte enfin s'est encore épaissie,
Quand, des siècles après, elle est froide et durcie,
C'est alors seulement que la vie apparaît,
Et que l'humble lichen, dont j'ai fait le portrait,
Creusant incessamment le granit et le marbre,
Vient préparer le sol pour la plante et pour l'arbre.
Ce terrible mineur, qui vit plus de cent ans,
Qui lime et fend le roc sous ses efforts constants,
De l'humus que produit sa dépouille légère
Nourrit d'abord la mousse : alors vient la fougère,
Qui, laissant après elle un plus riche élément,
A d'autres végétaux fournit un aliment.
Ainsi tout se succède et progresse et s'élève,
S'étend de siècle en siècle, et s'épure et s'achève,
Jusqu'au jour où le chêne, en peuplant nos forêts,
Les prés et le froment, en couvrant nos guérets,

Prodigueront partout aux animaux sans nombre,
Et puis à l'homme, enfin, la nourriture et l'ombre.

Voilà, sur ce sujet, ce que m'en ont appris,
Madame, en les lisant, quelques savants écrits !
Je sais que, par malheur, l'abus de la science
A pu de ces travaux fausser la conséquence ;
Qu'il en a quelquefois profané la beauté,
En servant de prétexte à l'incrédulité.
Quelques libres penseurs, charmés de leur sophisme,
Croyant tout expliquer avec le panthéisme,
N'ont pas craint d'affirmer, ainsi que Spinosa,
Que tout, dans l'univers, sans Dieu s'organisa.
Le hasard est pour eux l'auteur de toute chose ;
Il font de la matière et l'effet et la cause.
Notre corps, notre esprit et tout ce qui s'ensuit,
De trois ou quatre gaz ne sont que le produit.
Les œuvres de Platon, d'Homère et d'Aristote,
Ne sont qu'un composé d'hydrogène et d'azote,
Ajoutez-y, je crois, de l'oxygène, un peu,
Mêlez-y du charbon pour allumer le feu,
Et, d'après le verdict que chacun d'eux proclame,
Cette combinaison devra former une âme.
Son essence n'est plus qu'un fait matériel,

Ne descend plus d'en haut pour remonter au ciel,
Car tout meurt avec nous; et, dans leur imprudence,
Ces docteurs sans pitié suppriment l'espérance.
Dans ce dédale obscur je ne les suivrai pas ;
Je sens que le dégoût m'arrête à chaque pas;
Et, dans le dernier mot de ces tristes athées,
Je ne vois que l'orgueil de nouveaux Prométhées.

Je reviens à mon texte où je voulais prouver
Que d'un simple lichen tout a pu dériver,
Et que, de notre globe en creusant l'épiderme,
Il a des végétaux fertilisé le germe.
Mais ce germe fécond, qui l'a mis en tout lieu?
Qui l'a voulu, conçu, créé, si ce n'est Dieu?
Vous prétendez, messieurs, que chaque créature
N'est que le résultat des lois de la nature,
De ses forces... — Très-bien ! mais quel en est l'auteur ?
La plus petite loi veut un législateur.
Voyez cet objet d'art, élégant et fragile,
Que le potier façonne en pétrissant l'argile :
C'était un bloc impur qui, tournant dans sa main,
S'arrondit et se change en un vase romain.
Direz-vous, quand la foule et l'admire et le juge,
Qu'il a pour seul auteur la force centrifuge ;

Qu'à son insu, lui-même, il s'est exécuté
Et ne doit qu'au hasard sa forme et sa beauté?
Non certe; et vous savez, sans le voir davantage,
Qu'un être intelligent a produit cet ouvrage.
Chacun de vous, je crois, devant son propre écrit,
D'un sublime écrivain y reconnaît l'esprit :
Et vous ne voulez pas, devant son œuvre immense,
Reconnaître le doigt de cette providence
Qui, toujours et partout nous prodiguant ses soins,
De chaque créature a prévu les besoins,
Borné les océans, éclairé les étoiles,
Ces soleils de la nuit qui dirigent nos voiles!
Tout a sa loi, son but. De saison en saison
Tout arrive à son heure et tout a sa raison.
Selon vous, cependant, d'après votre logique,
De toute éternité la matière cosmique,
Répandue en tous lieux, on ne sait trop par qui,
Se serait d'elle-même organisée ainsi!
Tous ces mondes brillants qui roulent dans l'espace,
Auraient trouvé leur route et mesuré leur place!
Comment! ils se sont mus sans un premier moteur!
Ils se sont ordonnés sans un ordonnateur!
Expliquez-vous, enfin, car il faut qu'on s'explique :
Est-ce une monarchie? est-ce une république

Qui régit l'univers ? Mais, république ou non,
Celui qui les gouverne a, je suppose, un nom.
Nommez-le ! quel est-il ? Vous devez le connaître,
Vous qui donnez à l'homme un singe pour ancêtre,
Étouffant sans pudeur ce que le ciel en nous,
A mis de feu divin pour nous animer tous.

Avec vous, néanmoins, sans trop me compromettre,
Malgré moi je veux bien, pour un moment, admettre
Que la matière, hélas ! sans dessein et sans art,
Sans volonté, sans but, par l'effet du hasard,
Ait trouvé le moyen, selon votre genèse,
De former tour à tour l'or et le manganèse,
Le platine, l'argent et les autres métaux.
Je vous accorde même encor les végétaux
(Vous voyez qu'avec vous je suis bon prince, en somme) :
Mais, quand des animaux vous remontez à l'homme,
Quand vous nous affirmez qu'il est le descendant
Du mollusque d'abord, puis de l'orang-outang,
S'élevant par degrés sur l'échelle des êtres ;
Oh ! je m'insurge, alors, contre de tels ancêtres !
Ainsi donc la matière, inerte et sans ressorts,
De notre espèce humaine aurait formé le corps,
Equilibré son poids, disposé ses organes,

Combiné de ses nerfs les merveilleux arcanes !
Mais le corps n'est pas seul : Descartes et Pascal
Nous ont prouvé que l'homme est un être moral,
Qu'il a la volonté, qu'il agit et qu'il pense.
Il sait que ses vertus auront leur récompense.
D'où peut donc lui venir ce doux pressentiment?
D'où lui vient l'amitié, le noble dévoûment,
Le désir d'illustrer, même en risquant sa vie,
Son nom ?... Car vous aussi vous avez cette envie,
Vous dont l'esprit chercheur, qu'admirent vos rivaux,
N'est qu'un long démenti de vos propres travaux.
Eh quoi ! l'amour, enfin, ce seraient la matière,
Le fer et le granit, le métal et la pierre
Qui l'auraient mis en nous ! Mais où l'auraient-ils pris,
Ce sentiment divin, sans égal et sans prix,
Ce doux enivrement qui, pénétrant notre âme,
Dans un monde idéal la transporte et l'enflamme,
Élève nos esprits, adoucit nos douleurs,
Et nous rend à la fois plus croyants et meilleurs?

Veuillez me pardonner cette longue apostrophe,
Madame, à mon insu me voilà philosophe !
A propos de lichen, sans trop savoir comment,
Voilà que de l'amour je parle en ce moment !

Sur un pareil sujet, quand il vient sous la plume,
On pourrait aisément composer un volume.
Tel n'est pas mon dessein, n'en doutez nullement;
Et ne supposez pas que, même incidemment,
Je veuille profiter de ce mot pour vous dire
Les tendres sentiments que votre grâce inspire,
Le charme que répand votre exquise bonté
Qui semble un doux reflet de la divinité.
Son ouvrage, à mes yeux, dans vos traits se révèle,
J'y vois de sa puissance une preuve nouvelle;
Et, dans votre salon, quand chacun attentif
Admire votre esprit si brillant et si vif;
Aux accents enchanteurs de votre voix divine,
Lorsque vous nous charmez comme une autre Corinne,
Ou quand vos blanches mains, en courant au hasard,
Font revivre pour nous Beethoven et Mozart,
Je crois qu'un pur rayon de la céleste flamme
Est descendu sur vous pour animer votre âme.

LA POÉSIE.

La poésie
Ce n'est pas
La méthodique frénésie,
La symétrique fantaisie
De mots alignés au compas.

C'est la complainte
De l'oiseau,
C'est au loin la cloche qui tinte,
C'est du soir la dernière teinte,
C'est le murmure du ruisseau,

Le ver qui brille
Dans les bois,
La blanche étoile qui scintille;
De la naïve jeune fille
C'est la tremblante et douce voix;

C'est le nuage
Dans les airs
Emporté vers quelque autre plage;
C'est le bruit lointain de l'orage
Éclatant sur les vastes mers;

C'est l'hirondelle
Que bénit
Le vrai croyant et l'infidèle,
Et qui toujours, à tire-d'aile,
Revient aux toits où fut son nid;

C'est l'innocence,
Le malheur;
C'est une larme de l'enfance;
C'est l'amour, la foi, l'espérance;
C'est un œil bleu, c'est une fleur!

L'ILE DE ROBINSON.

Robinson Crusoé m'a toujours fait envie.
J'ai rêvé bien souvent que j'étais comme lui,
Dans une île déserte où je passais ma vie,
Loin du bruit des cités, sans trouble et sans ennui.

J'avais, sur mon radeau, sauvé de la tempête
Un chien de Terre-Neuve avec un lévrier,
Une chienne griffonne, intelligente bête,
Dont l'œil parle et répond; plus : un petit terrier;

Deux charmants angoras, trois canards domestiques,
Un peu d'orge, de blé, de riz, quatre poulets,
Des graines à semer, des instruments rustiques,
De la poudre, du plomb et deux fusils anglais.

Sans craindre les railleurs, cette race inhumaine
Qui se moque et médit des plus purs sentiments,
Je vivais librement dans mon petit domaine,
Employant au travail chacun de mes moments.

J'avais dans mon jardin des plantes potagères;
Une eau vive et limpide arrosait mon enclos
Où, sur les prés fleuris, à l'ombre des fougères,
Picoraient mes poussins nouvellement éclos.

Vêtus de pourpre et d'or, les oiseaux de mon île
Saluaient le matin de leurs concerts joyeux.
L'air était pur et doux et la terre fertile;
L'onde était poissonneuse et les bois giboyeux.

Tantôt mon lévrier, sur les bords du rivage
Ou sur les flancs ardus d'un sommet escarpé,
Forçait, en bondissant, quelque chèvre sauvage
Dont je faisais, le soir, un excellent soupé;

Tantôt, dans les bons jours, un vieux coq de bruyère,
Que j'avais entrevu sur les plus hauts sapins,
Frappé d'un plomb mortel tombait dans la poussière,
Pendant que ma griffonne attrapait des lapins.

Mes chats et mon terrier combattaient la vermine
Qui, de tous les côtés, rongeant à belles dents,
M'eût infailliblement réduit à la famine,
S'ils n'eussent dévoré ces rôdeurs impudents.

Les voleurs n'étant point inventés dans mon île,
Mon chien de garde, seul, eût été sans emploi;
Mais il trouvait moyen de m'être fort utile
Contre les veaux marins qu'il prenait avec moi.

Lorsque venait la nuit, dans ma pauvre bicoque
Qu'avec certain orgueil j'appelais ma maison,
A la pâle clarté de mon huile de phoque,
Je relisais la Bible, ainsi que Robinson;

Ou bien je transcrivais, chacun a sa manie,
Quelques vers ébauchés le matin, en rêvant,
Car j'ai toujours aimé le rhythme et l'harmonie
Qui m'ont charmé sans cesse et consolé souvent.

Tout, d'ailleurs, près de moi, n'était que poésie :
L'Océan, tour à tour paisible ou furieux,
L'existence au désert, les parfums de l'Asie,
Les murmures lointains des bois mystérieux.

Le dimanche, ou plutôt le jour qui semblait être,
D'après mes souvenirs, au repos consacré,
Quand j'avais, le matin, seul, sans autel ni prêtre,
Prié d'un cœur ému, sincère et pénétré;

Sur un tapis de fleurs, de gazons et de mousses,
Sous les micocouliers tantôt j'allais m'asseoir,
Tantôt j'allais cueillir, au bois des pamplemousses,
De beaux fruits embaumés que j'emportais, le soir.

Tous mes chiens, ce jour-là, libres, sans discipline,
Courant dans les ravins, à travers la forêt,
Comme dit le poëte en sa langue divine,
De leurs cercles de joie à l'envi m'entouraient.

Dans ma route égaré, si, parfois, les étoiles
Me surprenaient trop loin de mon petit réduit,
Sur un arbre touffu, m'abritant de ses voiles,
Auprès des bengalis je m'endormais la nuit.

Je vivais donc heureux dans une paix profonde;
A tous les faux plaisirs rien ne me provoquait.
J'avais un paradis, j'étais le roi du monde...
Et pourtant quelque chose à mon bonheur manquait.

Alors, ne sais comment, arrivait dans mon île,
Non monsieur Vendredi, personnage assommant,
Qui m'a paru toujours un comparse inutile
Venant mal à propos gâter le dénoûment;

Mais un ange aux yeux bleus, mais une jeune fille
Frêle, innocente et pure, entre quinze et seize ans,
Seule, hélas! ayant vu succomber sa famille
Et sombrer son navire au milieu des brisants.

J'emportais dans mes bras cette épave charmante,
J'écartais ses cheveux pour essuyer ses pleurs;
Je réchauffais ses mains, et, d'une voix aimante,
Par des soins maternels je calmais ses douleurs.

La nuit, je lui donnais ma case solitaire,
Et veillant, au dehors, sur son chaste sommeil,
A côté de mes chiens, étendu sur la terre,
J'attendais, en rêvant, l'instant de son réveil.

Tout s'animait alors d'une clarté nouvelle,
Tout brillait à mes yeux de plus vives couleurs.
Bientôt auprès du mien je construisais pour elle
Un élégant abri que j'entourais de fleurs.

Je transportais aussi, près de son ermitage,
Pour ombrager son toit quelques beaux lataniers;
J'unissais la glycine à la vigne sauvage,
Que ses doigts suspendaient entre les citronniers.

Mes chevreaux, mes poussins et ma meute fidèle
Suivaient d'un air joyeux ses petits pieds errants;
Les oiseaux, en chantant, voltigeaient autour d'elle,
Et les fleurs exhalaient des parfums enivrants.

Quel plaisir de la voir, sans apprêts, sans parure,
Ses blonds cheveux au vent, s'élancer dans les bois,
Y cueillir des bouquets, les mettre à sa ceinture,
Et pour me les montrer en revenir vingt fois!

Je l'aimais en amant et la traitais en frère;
Et pourtant quand, le soir, mon bras pressait le sien,
Son regard se voilait sous sa longue paupière,
Et je sentais son cœur battre à côté du mien.

Naïve et douce enfant, que j'appelais Marie
(Nom charmant que ma bouche aimait à prononcer),
Vers moi tu t'inclinais, et ta tête chérie
Sur mon épaule alors venait se reposer.

Nous marchions lentement appuyés l'un sur l'autre,
Nul bruit autour de nous que celui de nos pas.
Quel bonheur, sous le ciel, était égal au nôtre?
Pour nous, dans l'univers, il n'en existait pas.

Après deux ou trois ans de vague rêverie,
De plaisirs sans remords, un vaisseau survenait,
Nous prenait à son bord, et, dans notre patrie,
Pour être unis, enfin, tous deux nous ramenait.

Menton.

LA CROISÉE DU CIEL.

Laissez-moi vous conter une vieille légende,
Elle est naïve et douce et vaut bien qu'on l'entende.
Peu de mots suffiront. Je sais que les récits,
Pour ne pas fatiguer, doivent être concis.

C'était au paradis que se passait la chose.
Un malheureux défunt, trouvant la porte close,
Demandait qu'on ouvrît, et ne comprenait pas
Qu'on se souvînt, en haut, des faiblesses d'en bas.
Il était de ceux-là qui, trop souvent, se donnent
Le plaisir de pécher, et qui se le pardonnent.
Il priait, gémissait, en frappant doucement,

Mais rien ne répondait à son gémissement :
Rien ne pouvait fléchir l'inflexible saint Pierre.

La Vierge, du pécheur entend l'humble prière,
Et, sachant qu'il s'était toujours montré bon fils,
Qu'il avait quelquefois consacré ses profits
Aux petits orphelins, alors la bonne Mère
Prend en pitié sa peine et demande à saint Pierre
De vouloir bien l'admettre au séjour éternel,
D'ouvrir la porte, enfin. Mais le gardien du ciel,
Déroulant les péchés du pauvre misérable,
Ses clés toujours en main, demeure inexorable,
Et répond nettement qu'il ne peut aux maudits,
Avant le purgatoire, ouvrir le paradis.

« Eh bien! lui dit Marie, à cette âme blessée
Fermez la porte... mais, tant qu'elle sera là,
Sans en rien dire à Dieu, qui vous pardonnera,
    Laissez ouverte la croisée. »

Écharcon.

RÊVERIE.

Un soir, j'errais solitaire
Tristement au fond des bois :
Les feuilles couvraient la terre,
Les oiseaux étaient sans voix.

Seul, un petit troglodyte,
Sautillant sur les buissons,
Semblait fêter ma visite,
En répétant ses chansons.

Je rêvais (rêves d'automne),
Aux beaux jours déjà passés,
A ce retour monotone
Des temps sombres et glacés.

Sous mon pas lent et sonore,
Le sol durci frissonnait ;
La ballade de Lénore
A mon esprit revenait ;

Et, voyant les branches mortes,
Et les arbres dépouillés,
Et les fleurs de toutes sortes
Mortes aussi sous mes pieds ;

Je pensais que tout nous quitte
En nous laissant des regrets ;
Je disais : les morts vont vite...
Et, tout bas, je soupirais.

LE VIEILLARD DE VÉRONE.

TRADUIT DE CLAUDIEN.

Heureux, heureux cent fois, celui dont l'existence
S'est doucement passée au champ de ses aïeux!
La maison qu'il a vue aux jours de son enfance,
Il la revoit encor quand il est déjà vieux :
Courbé sur son bâton, il traverse la plaine
Où, faible enfant jadis, il fit ses premiers pas :
De la même demeure il peut dater, sans peine,
Chaque heure, chaque instant de sa vie ici-bas.
La fortune jamais, l'élevant jusqu'aux nues,
Dans l'abîme aussitôt ne vint le replonger :
Jamais il ne chercha des sources inconnues,
Pour étancher sa soif, habitant passager.
Marchand, il n'a pas craint et le vent et la houle;

Plaideur, les longs procès; et, soldat, le clairon.
Un moins vaste univers devant lui se déroule,
Et du pays voisin il ignore le nom.
Il ne se mêle point aux affaires publiques.
Quel que soit le consul, il ne compte ses ans
Que par chaque moisson, par ses travaux rustiques :
Les fruits marquent l'automne et les fleurs le printemps.
L'horizon qu'il embrasse est le cercle du monde,
Et, sur le même champ, il revoit tour à tour
Se lever, le matin, dans une paix profonde,
Et se coucher, le soir, l'astre brillant du jour.
Ce chêne aux longs rameaux, hélas! il se rappelle
Qu'il le vit arbrisseau; que ces bois, aujourd'hui
Ombrageant son front chauve et son pas qui chancelle,
Il les a vus grandir et vieillir avec lui.
Vérone est à deux pas, et, malgré la distance,
Il la croit aussi loin que l'Inde au ciel de feu.
Le Bénac, à ses pieds, mollement se balance,
Il prend pour l'Océan son flot limpide et bleu.
Aïeul deux fois déjà, la santé l'accompagne;
Le Temps, qui détruit tout, par lui semble vaincu.
Courez, si vous voulez, jusqu'au fond de l'Espagne!
Vous aurez plus marché, mais il a plus vécu.

Gênes.

LE BAISER.

Quel giorno più non vi leggemmo avante.

Dans un moment de délire,
Le beau page Paolo
Baisa son charmant sourire,
En lui lisant Lancelot.

Ce jour-là le jeune page,
A la tendre Francesca
N'en put lire davantage ;
Et l'histoire en reste là.

Mais, pour cet instant d'ivresse,
Transpercés du même fer,
Ils sont condamnés sans cesse
Aux châtiments de l'enfer.

Le Dante a beau nous le dire,
Je ne puis croire, vraiment,
Qu'un baiser sur un sourire
Mérite un si long tourment.

Cannes.

LE ROCHER DE LA CROISETTE.

Le flot limpide et bleu caressait le rivage;
Les monts de l'Estérel étaient de pourpre et d'or;
Une brise légère, en soufflant vers la plage,
Enflait la voile au loin et l'amenait au port.

Le soleil descendait, et, près de disparaître,
De ses derniers rayons éclairait le tableau :
Au déclin d'un beau jour, sans lendemain peut-être,
Tout était calme et pur sur la terre et sur l'eau.

J'éprouvais, à cette heure, une sorte d'ivresse;
Je me sentais heureux sans trop savoir pourquoi :
Mais insensiblement une vague tristesse
Vint pénétrer mon cœur et s'emparer de moi.

J'avais, devant mes yeux, sur la rive opposée,
Les murs blancs du cachot où le masque de fer
Languit, sous ce beau ciel, seul avec sa pensée,
N'entendant, sans la voir, que le bruit de la mer;

Et je songeais alors, dans ce lieu solitaire,
Témoin de mon extase et de son long tourment,
Que le malheur toujours est près de nous sur terre,
Et, comme la tempête, arrive en un moment.

Cannes.

CATHERINE.

Elle est petite et mignonne :
Son œil est vif et perçant,
Son nez plat, et sa personne
N'a rien de bien séduisant.

Cependant elle intéresse
Par son air rêveur et doux,
Par certaine gentillesse
Qu'elle a quelquefois pour vous.

Je ne connais point son âge :
On doit supposer pourtant,
A·son air modeste et sage,
Qu'elle n'est plus une enfant.

On la nomme Catherine.
Elle est native, dit-on,
De Bone ou de Constantine,
Peu m'importe le canton !

Je la crois un peu gourmande,
Mais discrète au dernier point.
Jamais elle ne demande...
Elle ne refuse point.

Quand nous fîmes connaissance,
Un matin du dernier mois,
Je gagnai sa confiance
Avec du sucre et des noix.

D'abord timide et craintive,
Et clignant un peu de l'œil,
Elle fut sur le qui-vive,
Puis se rapprocha du seuil.

De ce jour, à la même heure,
Et muni de quelques mets,
Je me rends à sa demeure,
Qu'elle ne quitte jamais.

Je la trouve sur sa porte,
Exacte à mon rendez-vous,
Sachant bien que je lui porte
Ce qui convient à ses goûts.

Quand elle est un peu nerveuse,
Elle se calme à ma voix.
Bien souvent elle est rêveuse,
Lorsque de loin je la vois.

C'est qu'hélas! la pauvre fille,
A la fleur de ses printemps,
Fut ravie à sa famille,
Depuis déjà bien longtemps.

De là vient que Catherine,
Sans jamais verser de pleurs,
Est souvent sombre et chagrine,
En pensant à ses malheurs.

Peut-être alors songe-t-elle
A ses jeunes amoureux,
Qu'elle eût pu, même infidèle,
Comme une autre, rendre heureux.

Peut-être que la pauvrette,
Victime d'un sort fatal,
Chaque jour, ici, regrette
L'air de son pays natal;

Ses forêts, ses vastes plaines,
Ses gambades, sa gaîté,
Ses compagnes africaines,
L'espace et la liberté!

Bientôt, ma pauvre mignonne,
Je vais aussi te quitter,
Et tu n'auras plus personne
Alors pour te visiter.

Sans égard pour ta détresse,
On rit de toi, triste ou non.
Qui donc, hélas! s'intéresse
Aux chagrins d'une guenon?

LE SORCIER.

ANTHOLOGIE.

Un paysan venait d'ensemencer sa terre,
Et voulant s'assurer, quand viendrait la saison,
    S'il aurait une ample moisson,
Il courut aussitôt chez un vieux solitaire,
Le savant du pays, grand sorcier, disait-on.
L'astrologue ayant pris des jetons sur sa table,
Se mit à calculer, en comptant sur ses doigts,
Puis, les ayant rangés devant lui, trois par trois,
    Répondit à ce pauvre diable :

    « Si ton champ est, pendant le jour,
Bien chauffé du soleil, bien arrosé de pluie,

Si la brise du soir le caresse et l'essuie,
  Si le sort abrite, à son tour,
  Contre la grêle et la tempête,
De tes épis naissants la jeune et faible tête ;
  S'il n'y pousse pas de chiendent,
  Si les lapins n'y mettent pas la dent ;
Je te prédis, mon cher, d'abondantes javelles...
  Crains seulement les sauterelles ! »

Cannes.

LA PENSIEROSA.

Autrefois joyeuse et vive,
Comme un oiseau du printemps,
Elle est maintenant pensive,
Depuis qu'elle a ses vingt ans.

En cueillant des pâquerettes,
Sur son chemin, autrefois,
Elle écoutait les fauvettes
Babiller le long des bois.

Elle n'aime plus entendre,
Maintenant, qu'une œuvre d'art,
Qu'un air pathétique et tendre
De Schumann ou de Mozart.

Sur le sable de la grève,
Chaque matin, je la vois,
Elle s'y promène et rêve..
Elle y courait autrefois.

C'est là que son temps se passe
A regarder le lointain :
Que voit-elle dans l'espace,
A l'horizon incertain?

Elle y voit le doux mirage
Que lui montrent ses printemps :
Elle y fait le doux voyage
Que le cœur fait à vingt ans.

Eaux-Bonnes.

ORTEIG LE COUREUR.

Je t'invoque aujourd'hui, Muse des chants épiques,
    Noble et vaillante Muse, ô toi
Qui chantais les vainqueurs dans les jeux Olympiques,
    Viens, je t'appelle, inspire-moi !

Dis comment ce héros des Basses-Pyrénées,
Le jeune Orteig a vu ses jambes couronnées
(Non par sa chute au moins, ne vous y trompez pas)
    Mais par les lauriers que ses pas
    Ont recueillis dans la carrière,
Lorsque, le front couvert d'une noble poussière,
De la verte montagne il franchit les sommets.

Aucun coureur n'est plus agile ;
Nul n'a pu le vaincre jamais :
Il faudrait Pindare ou Virgile
Pour célébrer tous ses hauts faits.

Achille aux pieds légers que protégeait sa mère
    Et que chanta le vieil Homère,
Peut-être était plus beau, je le crois aisément,
Plus noble, plus brillant, sans beaucoup le surfaire,
    Mais non plus vite assurément.

Voyez-le quand soudain l'on ouvre la barrière,
    De son pied nu, frappant la terre,
    Tel que l'isard sur le glacier ;
Il s'élance... et, mettant ses coudes en arrière,
    Bondit comme un ressort d'acier.

    Voyez, voyez, comme il devance
    Ses rivaux troublés et surpris !
    L'un d'eux pourtant, plein d'espérance,
    Le suit de près, et chacun pense
    Qu'il peut lui disputer le prix.
    Orteig l'attend... il semble même
    Que l'autre va le dépasser ;

Mais ce n'était qu'un stratagème,
Un fol espoir pour l'abuser;
Le Béarnais, courbant la tête
Et sûr déjà de sa conquête,
D'un seul bond va le distancer.

Le voyez-vous là-haut, tout là-haut, sur le faîte?
Regardez : le drapeau s'apprête.
Le voilà qui touche au poteau!
En un quart d'heure il vient de faire
Le trajet qu'avec peine, en suant sang et eau,
Ne ferait certes pas, sur cet âpre coteau,
En dix fois plus de temps un marcheur ordinaire.
Cependant ses rivaux, haletants, l'œil hagard,
Au sommet tour à tour arrivent... mais trop tard.
Orteig toujours debout, les attend d'un air calme,
Car il doit avec eux, jusqu'au point du départ,
Redescendre, en courant, pour mériter la palme
(Trente écus, style montagnard).

Si la descente de l'Averne
Était facile, nous dit-on,
Il n'en est pas de même, oh! non,
De celle qui conduit des sommets de ce mont,

Jusques au but fixé devant l'hôtel Taverne
Où siégent gravement les Minos du canton.

    Chantre divin des *Géorgiques,*
    Chantre des bois et des vergers,
Toi qui savais si bien, en des vers héroïques,
    Célébrer de simples bergers,
    C'est maintenant que de ta muse
    J'aurais besoin pour m'enflammer,
    Moi qui n'ai que la cornemuse
    Du chevrier pour m'animer.

    Comment pourrai-je, humble poëte,
Illustrer dans mes vers le lion de la fête,
Y peindre ses ébats, ses bonds audacieux?
    Dans cette course insensée,
    On le suit par la pensée
    Plus encor que par les yeux.
    Quand il court, il vole, il glisse,
    C'est l'ouragan, c'est l'éclair !
    Le vent semble son complice,
    Et le soulever dans l'air.
    J'aperçois sa veste blanche
    Dans les buis... là-bas, là-bas...

Mais non : c'est une avalanche...
Non, c'est lui!... n'en doutez pas.
Comme un gymnaste intrépide,
Regardez : le voyez-vous
Soulevant son pied rapide,
Sur un long bâton de houx?

Enfin, enfin, il arrive,
Et partout on se le dit;
Partout la foule attentive
Le contemple et l'applaudit.
Pour célébrer sa victoire,
Les Guides au grand complet,
Les femmes en mante noire,
Les filles en capulet,
Tous réunis sur la place,
Amis, parents et rivaux,
Citadins de fine race,
Touristes et buveurs d'eaux,
Font retentir quand il passe
Les vivats et les bravos.

Chacun redit la nouvelle
Qui fait battre plus d'un cœur.

Plus d'un regard étincelle,
En pensant au beau vainqueur.
Car, dans les saints transports que son triomphe excite,
Fût-il noir comme un corbeau,
Fût-il plus laid que Thersite,
Un vainqueur est toujours beau.

Tel ainsi tu parus, dans ce seul jour peut-être,
Toi que chacun voulut connaître,
Toi qui, pour un moment, valus ton pesant d'or!
Et des monts d'alentour aux frontières d'Espagne,
Où quelquefois, la nuit, l'on croit entendre encor
Dans le lointain les sons du cor
De l'ancien preux de Charlemagne,
Le nom du jeune Orteig en tous lieux répété,
Sur la montagne et dans la plaine,
Goûte enfin les douceurs de l'immortalité...
Jusques à la saison prochaine.

La Vrillère.

LE BERCEAU.

A MA FILLEULE.

Que d'un chagrin l'ombre légère
Vienne effleurer ton jeune cœur,
Enfant, un baiser de ta mère
Un souris te rend le bonheur !

Sur ses genoux ta main lutine
Les boucles de ses longs cheveux,
Puis sur son sein ton front s'incline,
Et ses doux chants ferment tes yeux.

La nuit alors met quelques trêves
Aux jeux de ton âge enfantin,
Mais tu vas, au pays des rêves,
Les retrouver jusqu'au matin ;

Car doucement quand tu reposes,
Ton jeune esprit prend son essor,
Et, bien souvent, tes lèvres roses
S'entr'ouvrent pour sourire encor.

Dans ton berceau, rien ne réveille
Quelque amer et noir souvenir.
Pour toi, nul regret de la veille,
Et nul souci de l'avenir.

Jamais calme de la nature,
Jamais silence au bord des eaux,
Jamais harmonie aussi pure
Que ton paisible et doux repos.

Si l'âme, ainsi que l'espérance,
Vient en nous, des célestes lieux,
Le premier sommeil de l'enfance
Doit être un souvenir des cieux.

LE PÈCHEUR DE PÉRONNE.

Voilà donc ce château qui servit de prison
    Aux deux rois Charle et Louis onze !
Le premier, pauvre agneau sans force et sans raison,
Le second, vieux renard avec un cœur de bronze.

Celui-ci, fin matois, connaissant plus d'un tour,
Contre son fier vassal employa l'artifice,
Séduisit ses soldats, sema l'or dans sa cour,
Et sut de son cachot se faire ouvrir la tour,
    Sans éprouver de maléfice.

L'autre y resta sept ans. Il en sortit aussi,
Mais il en sortit mort, sans escortes royales,
Pour aller reposer sous les funèbres dalles
      Du prieuré de Saint-Fursi.

Que son sort eût été plus heureux sans couronne,
Si, comme ces pêcheurs toujours gais et contents,
Il eût pu vivre obscur sur le bord des étangs
      Qui baignent les murs de Péronne!

L'un d'entre eux, que l'on a surnommé justement
      Le roi des eaux, nouveau Neptune,
Règne en maître absolu sur l'humide élément,
      Et, qui plus est, y fait fortune.

Il vit là sans façon, et sans souci, je crois,
      Avec sa femme jeune et belle,
Belle de la beauté que Rubens, autrefois,
      Choisissait toujours pour modèle.

Il a, pour égayer chacun des courts instants
      Qu'il passe auprès de sa famille,
Un doux ange aux yeux bleus, paré de ses printemps,
      Blonde et naïve jeune fille.

Tantôt comme un marin naviguant sur les flots
  De l'Archipel ou des Orcades,
Il manœuvre sa voile à travers les îlots,
  De ces détroits vertes Cyclades ;

Tantôt sur sa pirogue où seul on tient assis,
  Élégante et svelte nacelle,
Il va chasser, le soir, armé de bons fusils,
La foulque et le plongeon, le rouge et la sarcelle.

Ses étangs sont couverts de ces jolis oiseaux
Que l'on voit tour à tour plonger sous les roseaux,
  Avertis par leurs sentinelles,
Puis reparaître au jour, plus beaux et plus charmants,
Lorsque les gouttes d'eau, comme des diamants,
  Roulent et brillent sur leurs ailes.

Ce sont là les plaisirs et non pas les travaux
De ce fameux pêcheur qui n'a pas de rivaux :
  Il entreprend d'autres conquêtes,
Et fait payer la dîme à ses nombreux sujets,
Brêmes, carpes, gardons, anguilles et brochets,
  Petits goujons, fines ablettes.

Je l'envie, et voudrais être ce potentat,
Gouvernant à son gré, sans ministres d'État ;
  Je donnerais pour son royaume
Le sceptre de ces rois dont j'ai vu la prison :
A leurs riches palais, à leur noble écusson
  Je préfère son toit de chaume.

Jersey, avril 1871.

L'EXODE.

> Nos patriæ fines et dulcia linquimus arva,
> Nos patriam fugimus...
> (Virgile.)

Et nous aussi, loin de nos villes,
Fuyant les discordes civiles,
Nous partons, pauvres exilés ;
Et de la moderne Capoue,
Comme le chantre de Mantoue,
Nous quittons les murs désolés !

Nous n'avions pas encor sans doute
Assez d'écueils sur notre route,
Assez de maux à réparer,

Assez de larmes répandues,
Assez de batailles perdues,
Assez de honte à dévorer.

Il nous fallait subir l'outrage
De la révolte et du pillage,
Voir nos saints temples profanés,
Lorsque déjà le chef suprême
De notre Église était, lui-même,
Au pilori des condamnés.

Après les longs tourments du siége,
Une autre lutte sacrilége,
Quand l'ennemi s'éloigne enfin,
Devait nous faire entendre encore
Des durs clairons la voix sonore,
Et, de nouveau, craindre la faim.

Et cette sanglante épopée
N'est pour César ni pour Pompée,
Comme autrefois, quand les Romains
Combattaient aux champs de Pharsale!
Aujourd'hui, dans la capitale,
Si les partis en sont aux mains,

C'est pour renverser l'édifice
Qu'avec la paix réparatrice
Nous commencions à relever;
C'est pour défendre ou pour détruire
Les derniers restes du navire
Qui pouvait encor nous sauver.

Aussi voit-on dans chaque rue
Surgir une horrible cohue;
Et, devant ces hordes sans nom,
Devant l'insulte et le blasphème,
Voit-on trembler celui-là même
Qui n'avait pas craint le canon.

Femmes, enfants, d'un pas agile,
S'en vont chercher, comme Virgile,
Un abri contre le danger;
Et, loin des lieux qui l'ont vu naître,
Qu'il ne doit plus revoir peut-être,
Chacun s'enfuit chez l'étranger.

Et ego qui, jusqu'à cette heure,
N'ai jamais quitté ma demeure,
Moi qui longtemps, humble soldat,

Lorsque éclatait dans notre ville,
L'émeute ou la guerre civile,
Ai toujours pris part au combat;

Et ego (que Dieu me pardonne!)
Je pars aussi, je t'abandonne
Calme foyer, toit paternel,
Séjour heureux de ma jeunesse
D'où j'espérais, dans ma vieillesse,
Rejoindre l'asile éternel.

Sans embrasser ceux que l'on aime,
De tous côtés on fuit de même;
Parents, amis, sont séparés;
Et dans le trouble qui m'agite,
Je ne sais, en quittant mon gîte,
Où porter mes pas égarés.

Le sombre ennui qui m'accompagne
Me conduit d'abord en Bretagne,
Où dort le chantre d'Atala;
Mais le tourment qui me dévore
Me dit d'aller plus loin encore,
Et de ne pas demeurer là.

⁎

Le matin, quand le soleil brille,
Quand la mer miroite et scintille,
Du haut des murs de Saint-Malo,
L'on entrevoit les formes vagues
De Jersey qui, parmi les vagues,
Semble de loin voguer sur l'eau.

C'est vers sa plage solitaire,
C'est vers cette île hospitalière,
Fraîche oasis au sein des flots,
Que je vais, pendant la tempête,
Chercher où reposer ma tête,
Comme les pauvres matelots.

Je n'ai point la triple cuirasse
Qu'autour du cœur, nous dit Horace,
Devait avoir assurément
Le premier qui, bravant l'orage,
Sur sa nacelle eut le courage
De franchir l'humide élément.

Sans pâlir pourtant je m'embarque,
Non pas sur une faible barque,
Mais sur un vaisseau grand et fort.
Le temps est calme ; et, sans secousse,
Le vent qui mollement nous pousse
Nous fait bientôt entrer au port.

Oh! qui n'a pas connu l'absence,
Qui n'a pas connu la souffrance
Des captifs longtemps séquestrés,
Ne connaît pas non plus l'ivresse,
L'émotion et l'allégresse
De revoir ceux qu'on a pleurés !

Comme les oiseaux dans la plaine,
Quand le chasseur, race inhumaine,
Jusqu'au soir les a désunis,
On se rappelle et l'on se compte,
On se retrouve, on se raconte
Les dangers qui vous ont bannis.

J'ai maintenant pour ermitage
Un modeste et simple cottage,
Au milieu de jardins charmants;
Et, par une chance imprévue,
Pour reposer l'âme et la vue,
Auprès de moi des cœurs aimants.

Aussi déjà le mien se livre
A l'espérance, heureux de vivre
Sur ces rivages fortunés,
Dans ce petit nid de verdure,
Avec les biens de la nature
Que le bon Dieu nous a donnés.

Rien de plus frais, de plus champêtre
Que ces prés où, de ma fenêtre,
J'aperçois de nombreux troupeaux;
Rien de plus doux que ces ombrages,
Que ces tranquilles paysages
Qui semblent faits pour le repos.

A côté de l'arbre indigène,
Vous trouvez là, libre et sans gêne,
L'araucaria pyramidal.

Près du camélia de l'Asie,
Le grenadier d'Andalousie
Croit fleurir au pays natal.

Si dans ce golfe pittoresque,
L'on surprenait une Moresque
Sur ses tapis fumant le soir,
Ou bien rêvant sur sa terrasse
Quand ses regards suivent la trace
D'un cavalier au turban noir;

Du fond des bois, si, dans les branches
Se détachaient les formes blanches
De quelque minaret brillant;
Si l'on voyait sous les platanes
Se rassembler les caravanes,
On se croirait en Orient.

Partout enfin pour vous séduire,
Pour vous charmer et vous sourire,
S'offre à vos yeux une villa :
L'une est l'Éden, l'autre est Florence,
Ou le bosquet de Saint-Lawrence...
Le bonheur doit habiter là!

Et là du moins, dans ma retraite,
Charmant Jersey, si je regrette
Les bons amis que j'ai quittés,
Sur ton paisible et doux rivage,
Je n'entendrai plus d'autre orage
Que celui des flots irrités.

Jersey, avril 1871.

LE MONT MISÈRE.

> Nature! Nature!... C'est elle
> qui calme et fortifie.
> (BULWER.)

Je ne sais pas où nous allons
A travers ces charmants vallons
Où murmure un ruisseau limpide,
Où, dans les prés, de blonds troupeaux
Semblent goûter un doux repos,
En ruminant sur l'herbe humide.

Mais je sais que, loin de Paris,
Je n'entends plus ici les cris
Des Huns, des Goths et des Vandales,

Qui, plus cruels que l'étranger,
Voudraient détruire et ravager
Nos palais et nos cathédrales.

Je tâche de les oublier
Sous cet ombrage hospitalier
Où le soleil pénètre encore,
Où le printemps dit aux oiseaux
De préparer de doux berceaux
Pour les petits qui vont éclore.

Les bois, les champs et les buissons
Nous font entendre leurs chansons,
Les fleurs nous offrent leurs corbeilles :
Tout nous sourit lorsque, là-bas,
Le bruit sinistre des combats
Trouble les cœurs et les oreilles.

Ce souvenir me fait songer
Aux maux qui viennent assiéger
Notre malheureuse patrie.
Des pleurs déjà mouillent mes yeux...
Mais voilà que des chants joyeux
Font dériver ma rêverie!

Car notre esprit est fait ainsi,
Passant de la joie au souci
Et de l'espérance aux alarmes.
Quelquefois, plus légers encor,
Comme Andromaque auprès d'Hector,
Nous rions au milieu des larmes.

Je me laisse alors entraîner
Au charme de me promener
Seul et pensif dans la campagne,
Ou bien guidant une autre main,
Sans savoir même où le chemin
Me conduit avec ma compagne.

Il est si bon, dès le début,
De se laisser aller sans but
Au gré du hasard qui nous mène !
Il peut nous égarer, je crois,
Mais récompense aussi parfois
Les cœurs et les pas qu'il entraîne.

Oublions donc tous nos chagrins !
N'écoutons que les gais refrains
Des rossignols et des fauvettes !

Respirons le parfum des fleurs,
Admirons, avec leurs couleurs,
Le vif éclat de leurs toilettes!

Et pourtant, je voudrais savoir
Quels sont les lieux que je vais voir,
Quel est le nom de la colline.
Je voudrais bien savoir aussi
Quand finira l'affreux souci
Devant lequel mon front s'incline.

Une insulaire aux beaux yeux bleus,
Au doux visage, aux blonds cheveux,
Vient à passer, je l'interroge
Sur le pays où nous allons,
A travers ces charmants vallons,
Dont je lui fais un grand éloge.

Je le lui demande en anglais,
Elle me répond en français;
Et tout à coup mon cœur se serre,
Quand de sa bouche enfin j'apprends
Que le frais sentier que je prends
Doit me conduire au mont Misère!

Londres.

TRENTE ANS APRÈS.

> Metaque fervidis
> Evitata rotis.
> (HORACE.)

Pour la première fois, quand je vis Albion,
    J'avais alors vingt ans à peine;
J'étais à l'âge heureux où de l'illusion
    Le charme enivrant nous entraîne.

Un soleil de printemps, jour de fête en ces lieux,
    Dissipait les brouillards de l'île;
Londres avait lui-même un air presque joyeux,
    Quand j'arrivai dans cette ville.

En entrant dans ses murs je demeurai surpris
  De la trouver, sinon plus belle,
Du moins plus riche encor, plus grande que Paris ;
  Et maintenant je me rappelle

Que d'abord j'admirai les gothiques pignons
  De Westminster, où tout respire
La gloire et le génie ; où sont inscrits les noms
  De Pitt, de Fox et de Shakspeare ;

Où l'on voit réunis, dans l'immortalité,
  L'homme d'État et le poëte,
Newton près de Garrick, et Marie à côté
  De celle qui trancha sa tête.

Entre tous ces grands morts que l'on rencontre ici,
  Dont la mémoire est éternelle,
Notre Saint-Évremond a su trouver aussi
  L'hospitalité fraternelle ;

Lui, le pauvre exilé, lui, le conteur charmant,
  Toujours fidèle à son Hortense,
Lui, dont le vif esprit, la grâce et l'enjoûment
  Représentaient si bien la France !

En quittant ces tombeaux qui virent tant de rois,
    Tour à tour prendre leurs couronnes,
Je courus visiter les jardins et les bois
    Où galopaient les amazones.

Longtemps je les suivais et du cœur et des yeux,
    Je contemplais leur fin corsage,
Leur fraîcheur, leur éclat, leurs élans gracieux
    Qui faisaient rêver mon jeune âge ;

Et là, voyant courir, près des chars élégants
    Où s'étalait mainte duchesse,
Ces lords et ces dandys, sur des chevaux fringants
    Tout fiers aussi de leur noblesse,

J'admirais, j'en conviens, ce luxe éblouissant,
    Qui vous séduit et vous impose,
Mais surtout la grandeur de ce peuple puissant ;
    Et, lorsque j'en cherchais la cause,

Je croyais la trouver dans ses nombreux vaisseaux,
    Que le progrès cuirasse et blinde,
Et qui, des bords du Gange à ses paisibles eaux
    Apportent les trésors de l'Inde.

⁎⁎⁎

Trente ans après, quand l'âge a blanchi mes cheveux,
 Quand vers le sol mon front se penche,
Quand je compte déjà des arrière-neveux,
 J'ai de nouveau franchi la Manche.

De nouveau j'ai revu, plus imposante encor,
 La noble et grande capitale
Qui n'a pas, comme nous, dans son rapide essor,
 Rencontré la borne fatale.

Poursuivant sagement son cours mystérieux
 Dont Dieu lui seul connaît le terme,
Elle avance et décrit le cercle radieux
 Qui, pour nous, pâlit et se ferme.

Car voilà que déjà nos palais en débris
 Sont consumés par le pétrole !
Déjà le voyageur vient visiter Paris
 Comme on visite l'Acropole,

Carthage, Rome, Argos, ville d'Agamemnon,
      Le trésor d'Atrée à Mycènes,
Ninive, Herculanum, le divin Parthénon,
      Et tous les monuments d'Athènes.

Alors comme autrefois je me suis demandé,
      Pauvre Paris, quand tu t'effondres,
Ainsi qu'un vieux donjon par le temps lézardé,
      D'où venait la splendeur de Londres,

Sa force, sa durée; et ce n'est plus alors
      Dans sa noblesse et sa vaillance,
Dans ses nombreux vaisseaux, dans ses lointains trésors
      Que j'ai cru trouver sa puissance;

Mais dans le saint respect que, pour les Lois, chacun
      Sait conserver, prudent et sage.
Le secret de sa force est dans le Sens commun,
      Dont nous avons perdu l'usage.

LA FONTAINE DE VAUCLUSE.

Partout ici, Pétrarque et Laure,
Je vous retrouve et je vous vois,
Partout je crois entendre encore
L'écho lointain de votre voix.

Ce frais vallon, cette eau profonde,
Ce ciel si bleu, cet air si doux,
Le vieux figuier, le bruit de l'onde,
Les oiseaux me parlent de vous.

Tout à mes yeux, dans la nature,
S'offre, là, sous un nouveau jour,
Tout s'embellit et tout s'épure,
Au reflet de ce chaste amour.

Que de plaisirs dans ta retraite,
(Et ces plaisirs je les connais)
As-tu goûtés, tendre poëte,
En chantant tes divins sonnets!

J'ai vu la place où ta chaumière
Se cachait, au pied du rocher :
Tu voulais y fuir la lumière,
La gloire t'y venait chercher.

Sa brillante et pure auréole,
Ainsi que les triomphateurs,
Te fit monter au Capitole,
Couronné par les sénateurs. .

Eh bien, doux chantre de Vaucluse,
Loin du bruit, près de tes amours,
C'est dans ce lieu qu'avec ta muse
Se sont passés tes plus beaux jours!

LE CONFIDENT.

La mer était de pourpre, ainsi l'a dit Homère,
A l'heure où le soleil, colorant chaudement
De ses derniers rayons le ciel et l'onde amère,
Vers l'horizon lointain s'abaisse lentement.

C'était un soir d'automne et, sur le cap Misène,
Après être restés silencieusement
A contempler longtemps cette admirable scène,
Quatre jeunes Français s'entretenaient gaîment.

Ce qui peut-être encore exaltait leur jeunesse,
C'est que, dans ce moment, un souper délicat
Donnait à leur esprit l'aimable et douce ivresse
Que produit le plaisir, le chypre et le muscat.

On s'anima d'abord en parlant politique;
Criant tous à la fois sans jamais écouter.
Nous n'étions pourtant pas alors en république;
Cela n'empêchait pas de se bien disputer.

Ce sujet épuisé, l'on en vint aux voyages :
L'un vantait Pompéi, Sorrente, Herculanum;
Un autre préférait Naple et ses doux rivages,
Le théâtre Saint-Charle au temple de Pæstum.

Mais lorsque le champagne, en égayant les verres,
Éveilla dans les cœurs un libre épanchement,
On se mit à parler des beautés peu sévères
Dont on était l'heureux et l'indiscret amant.

L'un, en valsant au bal, avait tourné la tête
D'une noble duchesse; un autre, tour à tour,
D'une actrice en renom, et d'une femme honnête,
Par égale moitié se partageait l'amour.

Le troisième, en courant de la brune à la blonde,
Comme un nouveau César (du moins il le disait),
N'avait qu'à se montrer pour conquérir le monde,
Et ne pouvait compter celles qu'il séduisait.

Un seul ne disait rien : c'était un diplomate :
Jeune homme au doux regard, au sourire discret,
Esprit fin, distingué, nature délicate,
Qui, s'il en avait un, savait taire un secret.

Aussi ses trois amis, surpris de sa prudence,
L'excitant à l'envi, le pressaient-ils gaîment
De leur faire, à son tour, la douce confidence
De l'amour qui charmait son cœur en ce moment.

On eut beau l'accabler d'insistances nouvelles,
Fernand, c'était son nom, simplement répondait :
Que n'ayant rencontré partout que des cruelles,
Il n'avait rien à dire... à ce qu'il prétendait.

La chose était pourtant assez peu vraisemblable,
Car, je l'ai dit déjà, Fernand était fort bien,
Jeune, instruit, élégant, plein de talents, aimable,
Riche et noble de nom, ce qui ne gâte rien.

Or donc ses compagnons, quand l'heure fut venue
De se quitter enfin, jurèrent-ils entre eux,
De savoir à tout prix quelle était l'inconnue
Qui possédait son cœur et le rendait heureux.

hacun de son côté devait faire une enquête,
bserver avec soin, et, lorsque leur ami
erait près d'une femme ou rêveuse ou coquette,
pier ses regards et l'entendre à demi.

e moyen n'ayant pas réussi, je suppose,
n chargea des valets de suivre tous ses pas;
uis on imagina mainte et mainte autre chose,
ais ce que l'on cherchait on ne le trouva pas.

out cela demandait un certain savoir-faire.
ernand sur ce chapitre étant fort chatouilleux,
n se fût attiré quelque méchante affaire,
il eût su qu'on osait l'observer en tous lieux.

près trois mois passés dans ces démarches vaines,
algré quelques soupçons, mal fondés, peu nombreux,
vec sa courte honte, on en fut pour ses peines,
ans avoir rien appris sur ce beau ténébreux.

ivait-il en effet dans les sphères sublimes
'un amour idéal, ou comme un pénitent?
ucun ne le savait, parmi ses plus intimes,
uisqu'il n'en avait pris aucun pour confident.

Le soir, on le voyait au bal, à l'ambassade,
Au cercle quelquefois, souvent à San Carlo.
Le jour il galopait seul, à la promenade,
Monté sur son cheval, le fougueux Othello.

C'était un cheval noir, de pure et noble race,
N'ayant jamais connu le fouet ni l'éperon.
Son maître se plaisait à dévorer l'espace,
Sur le bord de la mer, comme autrefois Byron.

Ils se sentait alors fier et joyeux de vivre !
Sur le sable mouvant, son coursier bondissait :
On le suivait des yeux, car nul n'eût pu le suivre ;
Et puis, à l'horizon, Fernand disparaissait.

Ne croyez pourtant pas qu'il fût sombre ; au contraire,
Près des femmes, le soir, il était gai, charmant,
Par d'aimables propos il savait les distraire ;
Et plus d'une en eût fait volontiers son amant.

De tout, avec le temps, enfin l'on se fatigue :
Aussi nos trois amis avaient-ils renoncé
A poursuivre plus loin leur ténébreuse intrigue,
Et de chercher en vain chacun s'était lassé.

A quelque temps de là Fernand devint plus rare.
On ne le voyait plus, dans les salons le soir,
Le jour sur son cheval, ce qui semblait bizarre,
Et l'on se demandait ce qu'il pouvait avoir.

Tout naturellement on finit par conclure,
En surprenant parfois des larmes dans ses yeux,
Qu'il avait en amour quelque mésaventure,
Et ses amis disaient d'un air presque joyeux :

« C'est sa faute!... et sans doute, à présent, il regrette
De nous avoir caché ses amoureux secrets,
Car rien n'est plus affreux qu'une douleur muette...
Ce n'est qu'en en parlant qu'on calme ses regrets. »

Cependant, triste et seul, dans le silence et l'ombre,
Fernand, loin d'éprouver ce qu'amène le temps,
Devenait chaque jour plus morose et plus sombre,
Et, pour ses seuls devoirs, sortait quelques instants.

Il ne se mêlait plus à ces propos frivoles
Que de son vif esprit il savait inspirer.
Plus de bals, de concerts, plus de ces courses folles
Vers un but inconnu qui semblait l'attirer !

Enfin il annonça qu'il quittait l'Italie,
Que d'air et de pays il désirait changer,
Qu'il ne trouvait pas là sa vie assez remplie,
Et que bientôt sans doute il allait voyager.

Il vendit en effet ses tableaux, ses sculptures,
Ses livres : il quitta sa loge à San Carlo;
Mais ce qui, plus que tout, prêtait aux conjectures
C'est qu'il parlait aussi de céder Othello.

Ce superbe pur sang, si chéri de son maître,
Un des trois étourdis, qu'on appelait Gaston,
L'obtint à peu de frais, parce qu'il promit d'être
Pour ce noble animal, toujours soigneux et bon.

Fernand donna sur lui, sur sa riche nature,
De longs renseignements, indiquant avec soin
Ce qui lui convenait, tant pour sa nourriture
Que pour tous les égards dont il avait besoin.

« Il était sans défauts, comme il était sans tache,
Mais chatouilleux, ardent : il fallait donc user,
Avec lui, disait-il, fort peu de la cravache,
Avoir la main légère et ne point l'agacer. »

Gaston n'en était pas à son apprentissage ;
Il était, au contraire, excellent écuyer.
Aussi, le lendemain, voulut-il, sur la plage,
Où le lançait Fernand, devant lui, l'essayer.

L'animal étonné, sentant un nouveau maître,
Fit quelque résistance, et d'abord se dressa.
Puis, sur un simple appel, qu'il devait bien connaître,
Il partit... et soudain comme un trait s'élança.

Gaston était charmé, ravi de sa monture,
Et se laissait aller au doux balancement
De ses bonds cadencés en leur rapide allure,
Qui semblaient dans les airs l'emporter follement

Il n'avait pas encor calmé la noble bête
Qu'il savait cependant ménager avec art,
Quand voilà tout à coup que le cheval s'arrête
Au milieu du chemin, en faisant un écart !

Son adroit cavalier, un peu surpris sans doute,
Le remet au galop en raidissant la main :
« Qui l'a donc effrayé, se dit-il, sur la route ?
Serait-il ombrageux ? Je le saurai demain. »

Le lendemain il prend le chemin de la veille,
Et pour bien observer, en habile écuyer,
Si la frayeur lui vient de l'œil ou de l'oreille,
Recherche tous les bruits qui pourraient l'effrayer;

Lui montre des objets qui devraient le surprendre,
Des fossés imprévus qu'il franchit comme un daim;
Mais voilà, de nouveau, que sans y rien comprendre,
Il le sent résister et s'arrêter soudain.

« Qu'a-t-il donc? je ne sais... j'ai beau chercher la cause..
Eh bien, les jours suivants, il faut recommencer. »
Et toujours Othello, faisant la même chose,
S'arrête au même endroit sans vouloir avancer.

Gaston regarde alors : il est devant la porte
D'une riche demeure et d'un jardin charmant,
Mais la villa Martha, c'est le nom qu'elle porte,
Paraît inhabitée, au moins en ce moment.

Il descend de cheval. Une vieille servante
Se trouvait près du seuil, il se montre à ses yeux,
Lui fait un conte en l'air qu'à propos il invente,
Pour demander quels sont les maîtres de ces lieux.

Il apprend que naguère, une jeune comtesse,
D'une exquise beauté, d'un charme sans égal,
Habitait ce logis, seule avec sa jeunesse,
Loin de son vieil époux alors au Sénégal.

On lui dit que Monsieur, à son retour d'Afrique,
Pour certains intérêts importants, disait-il,
Emmenant avec lui sa femme en Amérique,
Était, depuis cinq mois, parti pour le Brésil.

« Madame a bien pleuré !... reprend la bonne femme.
— Et pourquoi » ? dit Gaston. — Monsieur, quant à cela
Vous ne le saurez point, et j'aimais trop madame
Pour parler de... suffit !... adieu ! restons-en là. »

Il en savait assez, et, sans plus d'insistance,
Remontant à cheval : « Ah ! dit-il, il paraît
Que monsieur Othello, seul dans la confidence,
Ne sait pas conserver, mieux qu'un autre, un secret ! »

Tout joyeux et tout fier d'avoir gagné sa cause,
Ainsi qu'entre eux d'ailleurs ils se l'étaient promis,
Gaston, dès le soir même, avait conté la chose,
En en riant beaucoup avec ses deux amis.

Huit ou dix jours après, Fernand vint leur apprendre
Qu'il allait quitter Naple et qu'il était nommé...
— « A Rio-Janeiro? pensiez-vous nous surprendre?
Dit Gaston. Vous allez revoir l'objet aimé.

« Oui, oui, nous connaissons le mot de ce mystère,
Car bien que vous soyez fort discret... Cependant
Cet amour si profond que vous vouliez nous taire,
Avait à votre insu quelqu'un pour confident;

« Et ce quelqu'un, mon cher, l'aventure est bizarre!
C'est Othello! c'est lui qui, depuis quelques jours,
A trahi le secret de cette beauté rare
Qui crut à tous les yeux dérober ses amours!

« N'est-ce pas la villa Martha que la comtesse
Habitait! Othello du moins me l'a conté.
Je sais aussi par lui qu'elle est votre maîtresse,
Car ce brave Othello sait tout, en vérité. »

Fernand devint livide, et, frémissant de rage :
« Vous en avez menti! » s'écria-t-il soudain.
Puis, vers lui s'élançant, il le frappe au visage,
Devant ses deux amis, du revers de sa main.

Gaston rougit, pâlit, et se met en défense,
Mais, en homme de cœur qui reçoit un soufflet,
Il sait qu'il faut du sang pour laver cette offense,
Et, comme l'offensé, choisit le pistolet.

Venus sur le terrain, pour vider la querelle,
Les témoins vainement cherchent à l'apaiser.
Un coup part... et Fernand au même instant chancelle,
Et bientôt sur le sol on le voit s'affaisser.

On court : il était mort... de près on examine
Sa blessure où le sang jaillit à gros bouillon ;
Et l'on découvre alors, posé sur sa poitrine
Ou plutôt sur son cœur, un petit médaillon.

C'est un portrait de femme, une beauté divine !
Ses cheveux, sur son front, forment un cercle d'or,
Ses yeux pleins de douceur et sa bouche enfantine
A de tendres aveux semblent sourire encor.

On y lisait au bas, sur le cadre d'ivoire,
Ces mots qui pour Gaston tintaient comme un remord,
Et devaient pour toujours rester dans sa mémoire,
Ces simples mots gravés : *Discret jusqu'à la mort.*

Ses funestes amis, tristement l'inhumèrent.
Le désespoir au front et le visage en pleurs,
Sur le pauvre cercueil, en partant, ils jetèrent
De la villa Martha les plus charmantes fleurs.

Enfin, pour compléter cette fraîche hécatombe,
Celui dont le propos, indiscret et moqueur,
Avait causé sa perte, enferma dans la tombe,
Le petit médaillon qu'il portait sur son cœur.

Gaston, Gaston surtout était inconsolable.
Il eut pendant longtemps de terribles accès
De délire. On craignit que ce mal incurable
Ne le portât un jour à de fatals excès.

Il guérit cependant ; mais triste au fond de l'âme,
Il n'eut plus qu'un seul but, et ce fut de savoir
Ce qu'était devenue, hélas ! la pauvre femme
Dont il avait brisé le bonheur et l'espoir.

C'est alors qu'il apprit qu'au bout d'un an à peine,
A tous ceux qui l'aimaient faisant un doux adieu,
Sans jamais révéler d'où lui venait sa peine,
Elle avait lentement rendu son âme à Dieu.

Cannes.

LOULETTE.

Loulette, vous avez quinze ans,
De beaux yeux noirs, un frais visage,
Votre vie est un vrai printemps,
Tout fleurit sur votre passage.

Loulette, à quoi donc rêvez-vous,
Quand vous rêvez? Est-ce à la rose
Dont le parfum vous est si doux?
Ou bien est-ce à quelque autre chose?

Ce quelque chose assurément
Est calme et pur comme votre âme,
Ne rêvez jamais autrement,
Loulette, quand vous serez femme!

Vous ne trouvez pas, me dit-on,
Votre personne assez fluette.
Vous avez un si joli nom...
Ne vous plaignez de rien, Loulette.

Tout en vous me paraît charmant :
Votre jeunesse ardente et vive,
Vos petits cris d'étonnement,
Votre timidité naïve.

Vous montiez en barque une fois,
Et je vous vis, pauvre Loulette,
Faire le signe de la croix,
En embrassant votre amulette.

Conservez-la, longtemps encor,
Croyez toujours à sa puissance,
Loulette, et que vos rêves d'or
Gardent leur parfum d'innocence !

Cannes.

UN PORTRAIT.

A MADEMOISELLE MARIE DE L.

Vous avez un esprit charmant,
　Les traits fins, la bouche un peu grande,
Mais elle a dans son air un si vif enjoûment,
　Qu'en vérité l'on se demande
Si l'on doit désirer qu'elle soit autrement.

　Quant à vos yeux, je ne puis dire,
Les ayant fort peu vus, s'ils sont ou noirs ou bleus,
Je les crois bleus pourtant, mais ce que je sais mieux
　C'est qu'ils sont doux et gracieux,
　　Ainsi que votre frais sourire.

Vous avez des talents, dit-on,
Et moi, de loin je le soupçonne,
Quand, le matin, j'entends le son
D'un clavecin de ce canton
Qui, sous vos doigts, gaîment résonne.

Quelquefois sur la plage un crayon à la main,
En aspirant le sel marin,
Vous dessinez le paysage,
Non pas comme un Claude Lorrain,
Mais peut-on mieux faire en voyage?

Je pourrais encore ajouter
Que vous avez la taille fine,
Le pied léger, on le devine,
Lorsque l'on vous a vue et courir et sauter,
Comme un chevreau sur la colline.

« Eh bien, monsieur, me direz-vous,
C'est fort bien, je suis accomplie,
J'ai de l'esprit, le regard doux,
Oui, mais... voyons! Suis-je jolie? »

Oh! sur ce point, l'homme discret
Ne souffle mot, mademoiselle.
Si je vous disais mon secret,
Votre maman que dirait-elle?

Je vous répondrai simplement,
Dussé-je même, en ce moment,
M'exposer à votre colère,
Que vous avez tout uniment,
Ce je ne sais quoi si charmant...
Enfin tout ce qu'il faut pour plaire.

Cannes.

LA COULEUR DES NOMS.

A MADEMOISELLE MARGUERITE DE L.

« Les noms ont des couleurs, me disiez-vous un soir,
  Quand nous causions dans votre chambre.
Celui d'Alice est rose; Élisabeth est noir.
  Celui d'Adèle est jaune d'ambre.

« Estelle est gris de perle; Hortense, gris foncé.
Julie est écarlate, ainsi que Joséphine.
  Mathilde est brun. Le vert bronzé
Doit être la couleur de Laure et de Delphine.

« Le doux nom de Marie est bleu comme le ciel,
    Ou comme un bluet dans la plaine.
Celui de Jeanne est blanc. Les noms d'Ève et d'Hélène
    Sont blonds comme un rayon de miel. »

Le paradoxe est fort; et pourtant je déclare
Que parfois il me semble assez ingénieux :
Je trouve en y songeant, aujourd'hui moins bizarre
Qu'un nom par sa couleur puisse parler aux yeux.

Je pourrais à l'appui citer Marthe et Pauline,
Beaucoup d'autres encore; et faire devant vous,
Briller ces noms charmants, Cécile et Caroline,
Puis Amélie enfin, trois noms qui me sont doux.

Je soutiens en effet, et je l'ai vu naguère,
Que les noms ont aussi leur charme et leur beauté,
    Et que souvent le plus vulgaire
Se transforme à nos yeux, lorsqu'il est bien porté.

    Ne croyez pas que je profite,
    Mademoiselle Marguerite,
    De l'à-propos, traîtreusement,
    Pour exalter votre mérite,
    Et pour vous faire un compliment.

Je veux vous rassurer, et craignant la critique,
    Par prudence et par politique,
    Je m'enfuis... dans la botanique...
    Je ne sais si vous m'y suivrez.

    Vous connaissez la fleur des prés,
    Des bois, des champs : la pâquerette,
    Dont l'élégante collerette
    Vous apprend si l'on est aimé.
    Elle est alerte et confiante ;
    Elle a l'air franc, vif, animé ;
    Elle est joyeuse et souriante,
    Dès l'instant où le jour paraît :
    Ajoutez à sa gentillesse
    De l'esprit et de la finesse,
    Et vous aurez votre portrait.

AU VATICAN.

On m'a conté ceci, lorsque j'étais à Rome :

Un jour, au Vatican, se présente un jeune homme ;
Il tenait un papier, et dès qu'il l'eut remis
Au camérier, il fut près du saint-père admis,
Et l'entretint longtemps d'une importante affaire.

Le pape après l'avoir en silence écouté,
Avec son ineffable et sereine bonté,
Lui répondit d'abord de sa voix douce et claire ;
Puis, d'un air paternel et rempli d'onction,
Il allait lui donner sa bénédiction,

Quand l'étranger, prenant la parole au plus vite,
Lui dit, avec respect : « Je suis israélite,
Et ne puis recevoir, sans enfreindre ma loi,
La bénédiction du pape... excusez-moi. »

— Eh bien, reprit alors le noble octogénaire,
En attachant sur lui son bienveillant regard,
Si vous la refusez de la main du saint-père,
Recevez-la, mon fils, de la main du vieillard. »

Cannes.

MON CHALET.

Ton charme est vraiment unique,
Toi que j'ai longtemps cherché,
Petit chalet Véronique,
Au milieu des fleurs caché.

Le matin quand je me lève,
De ma chambre j'aperçois
Le flot roulant sur la grève,
Les montagnes et les bois.

Déjà brille à ma fenêtre,
En attendant mon réveil,
Depuis trop longtemps peut-être,
Un gai rayon de soleil.

Mon jardin, simple et modeste,
A des arbres toujours verts.
On y trouve, avec le reste,
L'oubli des sombres hivers.

Ses anémones, ses roses,
Ses gazons alors fleuris,
M'offrent de plus douces choses
Que l'asphalte de Paris.

Le mimosa s'y balance,
Au pied de l'eucalyptus;
L'élégant palmier s'élance,
Auprès de l'humble cactus.

Quand, le soir, sur la pelouse,
La lune y brille à son tour,
On dirait qu'elle est jalouse
De l'astre éclatant du jour.

Au milieu de la campagne,
Chaque porte vous conduit
Sur la plage ou la montagne,
Vers le but que l'on poursuit

Vieux rêveurs et botanistes,
Là du moins peuvent trouver
Des fleurs pour grossir leurs listes,
Un petit coin pour rêver.

S'unissant à la Napoule,
Notre golfe est calme et sûr :
On y peut voir, à Théoule,
Une autre grotte d'azur.

Les vallons y sont fertiles,
Les raisins aimés du ciel ;
Comme Naple il a ses îles ;
Son Vésuve est l'Estérel.

Quand je rentre à l'ermitage,
Dès longtemps par moi choisi,
Je me dis qu'il serait sage
De vivre toujours ainsi.

MONTE-CARLO.

Je viens de voir Monte-Carlo
Où l'or, plus abondant que l'eau
    Du vieux Pactole,
Circule sur le tapis vert
Qui, de ses flots toujours couvert,
    Semble une idole.

Le destin, dont l'antiquité
Implorait la divinité,
    Y règne en maître.
Chacun le craint, et cependant,
Malgré son cynisme impudent,
    Le veut connaître;

Car le perfide a toujours soin
De ménager, de loin en loin,
  Quelque surprise;
Et pour calmer votre dépit,
Vous accordant quelque répit,
  Vous favorise.

Aussi voit-on, à chaque instant,
Le nombre toujours s'augmentant
  De ses victimes,
Que de son temple chaque jour
Il aime à plonger tour à tour
  Dans les abîmes.

Ses prêtres, au lieu de couteaux,
Sont armés de petits râteaux,
  Et, sans rien craindre,
Vous font trembler à tout moment,
Lorsqu'ils les prennent vivement,
  Pour vous atteindre.

Le Dieu se rit de ces combats.
On a beau l'invoquer tout bas,
  Il n'en a cure,

Et pour transmettre ses arrêts,
Une simple bille de grès
    Est son Mercure.

Chacun alors, sans respirer,
Semble des yeux la dévorer,
    Dès qu'elle tourne,
Attendant, toujours plein d'espoir,
Que, dans un casier rouge ou noir,
    Elle séjourne.

Enfin le sort a prononcé!
S'il en est un favorisé...
    Pour quelques heures;
Que d'autres rentrent affligés,
Comme de pauvres naufragés,
    Dans leurs demeures!

Et pourtant ils devraient savoir,
Et chaque jour ils pourraient voir
    Que les merveilles
De ces jardins, aux mille fleurs,
Sont le produit de leurs douleurs
    Et de leurs veilles.

Rien n'y fait : le démon du jeu
Est toujours là, soufflant le feu
  Qui les dévore,
Et leur offrant, soir et matin,
L'appât de l'or, reflet lointain
  D'un météore.

Si vainement, ici parfois,
Sagesse, en élevant ta voix,
  Tu les sermonnes,
Parle-leur donc des prés fleuris
Couverts de pavots et d'iris,
  Et d'anémones !

Vante-leur ce pays charmant
Où l'air est pur, le ciel clément,
  La brise douce,
Où vers un port tranquille et sûr,
Au sein des flots d'un bleu d'azur,
  Le vent les pousse !

Mais pour des joueurs effarés,
De la soif du gain altérés,
  Jouer c'est vivre !

Rien n'a plus de charme pour eux,
Que le plaisir aventureux
    Qui les enivre.

Rien ne vaut un bon numéro !
L'on ne va plus à Monaco
    Rendre visite,
Pour y voir son golfe enchanteur,
Ni pour admirer la splendeur
    De son beau site;

Mais pour s'offrir, mouton bêlant,
A ce bon petit monsieur Blanc
    En sacrifice,
Oubliant que ses riches fleurs
Sont là pour cacher les horreurs
    Du précipice.

Naples.

EN CHEMIN DE FER.

J'étais dans leur wagon, et tous deux sur la route,
Dans ce charmant pays ne voyant qu'eux sans doute,
Aux purs et chauds rayons de leur lune de miel,
Promenaient leur amour qu'avait béni le ciel.
Pour Naples je partais, émerveillé de Rome.
La jeune femme était à côté du jeune homme,
Et laissait deviner que, récemment unis,
Tous deux s'étaient ensemble envolés de leurs nids.
Tantôt ils se parlaient doucement à l'oreille,
Puis caressant des yeux la vierge de la veille,
Son mari l'entourait de tendresse et de soin,
Et maudissait peut-être un importun témoin.

Mais moi, pendant ce temps, les paupières baissées,
Et laissant mon esprit errer dans mes pensées,
Je croyais voir encor s'offrir à mes regards,
Les temples renversés, les palais des Césars
Que recouvre aujourd'hui le lichen et le lierre.
Devant moi se dressaient le Vatican, Saint-Pierre,
Saint-Pierre où Michel-Ange a mis le sceau divin
De son vaste génie et de sa forte main.
Du tendre Raphaël je revoyais les stances,
Et j'étais ébloui de ces magnificences.

Quelquefois cependant, si j'entr'ouvrais les yeux,
J'aimais à retrouver ce couple gracieux.
Rien n'était plus charmant! La blonde jeune femme,
Avec ses beaux yeux bleus où se peignait son âme,
Ce regard calme et doux, cet air de pureté
Que toujours Raphaël donnait à la beauté,
Rougissait en parlant, et semblait étonnée
Des plaisirs imprévus de son chaste hyménée.
J'oubliais, je l'avoue, en contemplant cela,
Les Thermes de Titus et de Caracalla,
Les marbres, les tombeaux, la prison Mamertine,
Les temples de Vesta, d'Antonin et Faustine,
Me sentant, malgré moi, doucement attiré,

Par le charme secret qu'il m'avait inspiré,
Vers ce tableau touchant qu'une chance imprévue,
Pour abréger ma route, exposait à ma vue.

Mes jeunes compagnons, dès ce moment, je croi,
Avaient surpris l'effet qu'ils produisaient sur moi,
Et, loin de s'en fâcher, leur bienveillant sourire
En paraissait heureux et semblait me le dire.
Dans ses élans naïfs on sentait que leur cœur
Eût voulu que chacun partageât leur bonheur;
Car bientôt avec moi, tous deux en confiance,
Me contaient leurs amours qui dataient de l'enfance,
Et d'un hymen promis le doux enivrement,
Quand d'être l'un à l'autre arriva le moment.
La jeune épouse alors, en embrassant sa mère,
Non sans verser pourtant plus d'une larme amère,
Souriant et pleurant, tout à la fois encor,
Avec son jeune époux avait pris son essor.
A Rome ainsi que moi, pauvre pécheur sur terre,
Ils avaient eu l'honneur d'approcher le saint-père,
Qui, simple et bienveillant, avec cet à-propos
Qu'il sait toujours montrer, leur avait dit ces mots,
En étendant sa main ouverte aux indulgences :
« Enfants, je vous bénis, vous et vos espérances. »

J'écoutais les récits de mes nouveaux amis.
De parler à mon tour lorsqu'il me fut permis,
Étant, pour le moment, plus voyageur en somme
Qu'amoureux (par malheur), je leur parlai de Rome,
Des beautés qui devaient les avoir éblouis,
De ses vieux souvenirs dans ma tête enfouis,
Et qui, brouillés un peu dans ma faible mémoire,
Me rappelaient pourtant quelques traits de l'histoire.
Je citais les Tarquins, Scévola, Décius,
L'Aventin, le Forum, le pont Sublicius;
Je leur disais la place où, dans la Rome ancienne,
On a cru retrouver la roche Tarpéienne.
Mais leurs jeunes esprits étaient toujours ailleurs.
Leurs souvenirs récents leur paraissaient meilleurs
Que ceux des temps passés. Ils trouvaient qu'à leur âge
Rien ne vaut le bonheur de s'aimer en voyage;
Et dans ce beau pays qu'ils avaient visité,
Ils n'avaient vu qu'eux seuls... Je m'en étais douté.

FIRENZE.

Je te quitte à regret et je voudrais pouvoir
    Conserver au moins l'espérance,
Sur les bords de l'Arno, de venir te revoir,
    Charmante ville... Adieu, Florence!

Au temps des Médicis je me croyais encor,
    Devant tes œuvres sans pareilles,
Grande et noble cité qui, dans ce siècle d'or,
    As su créer tant de merveilles.

Pour les bien contempler il faudrait de longs mois,
    Pour les décrire un gros volume;
Rien ne peut les dépeindre ainsi que je les vois,
    Ni la parole, ni la plume.

Je ne l'essaîrai point : vainement je voudrais
    Parler au moins de tes madones,
Tendre et doux Raphaël, et retracer les traits
    Purs et divins que tu leur donnes :

On peut, lorsqu'il s'agit de la réalité,
    La définir chez une femme;
Mais comment exprimer la suave beauté,
    Les sentiments exquis de l'âme?

Il en est encore un de ces maîtres charmants
    Que l'on admire et que l'on aime,
Qui sut rendre, à nos yeux, les saints ravissements
    De la foi qu'il avait lui-même.

Il faut, pour le connaître, aller à San-Marco,
    Et voir les fresques admirables,
Les panneaux sur fond d'or, où Fra-Angelico
    A peint ses anges adorables.

Ne retouchant jamais, fût-il mal réussi,
    Un seul dessin, coûte que coûte;
Il disait simplement que s'il était ainsi,
    C'est que Dieu le voulait sans doute.

Il était justement nommé le Bienheureux,
    Chacun de ses tableaux l'atteste,
Car il devait alors, ainsi que moi, près d'eux,
    Entrevoir le séjour céleste.

Je n'en finirais pas si je voulais prouver
    Que l'art, partout, règne à Florence ;
Et cependant je pars, pour aller retrouver
    Bien des soucis peut-être en France ;

Mais j'emporte, en partant, le butin étranger
    Que j'ai conquis sur mon passage :
Voir c'est avoir, a dit quelque part Béranger :
    Je m'en aperçois en voyage.

Je m'y trouve enrichi de tout ce que j'ai vu.
    Où que je sois, d'où que je vienne,
Lorsqu'un pays nouveau m'a vivement ému,
    Il semble alors qu'il m'appartienne.

Il en sera de même, en mon cœur, désormais,
    Pour Rome, Naples et Florence,
Qu'il faut quitter pourtant, et que de loin j'aimais,
    Depuis longtemps, en espérance.

Mais Rome était surtout comme un but à mes yeux
    Indispensable et nécessaire.
Je regardais, pour moi, comme un devoir pieux
    De voir la ville du saint père;

D'admirer des Césars les antiques abris;
    Et dans la nuit pâle et sonore,
D'écouter du Forum les éloquents débris,
    Qui semblent nous parler encore.

Je viens de faire enfin, avec un tendre ami,
    Tous deux sur le déclin de l'âge,
Et lorsque ma mémoire est éteinte à demi,
    Ce ravissant pèlerinage.

Je devrais donc, alors, ainsi qu'un pèlerin,
    Lorsqu'il a vu la ville sainte,
Me trouver aujourd'hui plus calme et plus serein,
    En quittant cette noble enceinte.

Eh bien, non; car déjà, sans trop savoir pourquoi,
    Je me sens triste, et je suppose
Que, n'ayant plus ce but qui s'imposait à moi,
    Il va me manquer quelque chose.

Le désir, c'est l'espoir, c'est le bonheur lointain
  Dont le mirage nous attire,
Et nous force à marcher vers un but incertain
  Qui devant nos pas se retire.

Aussi, lorsque bientôt, sous mon toit revenu,
  Je verrai ma soif assouvie,
Et que je n'aurai plus l'attrait de l'inconnu
  Qui féconde et remplit la vie ;

Je crains, je l'avoûrai, malgré l'enivrement
  De mon voyage qui s'achève,
De regretter un jour cet invisible aimant
  Qui m'attirait comme un doux rêve.

*
* *

De cet humble recueil j'en pourrais dire autant :
  Je m'en sépare avec tristesse.
Il me semble qu'il va m'enlever, en partant,
  Le compagnon de ma jeunesse,

L'ami de mon foyer, le confident discret
    De mes plaisirs et de mes peines.
Il donnait à ma vie un dernier intérêt,
    Un but à mes courses lointaines.

Et le voilà qui part, et je perds avec lui
    Une douce et longue habitude,
Et je sens, oui, je sens qu'il va faire aujourd'hui,
    Autour de moi la solitude!

Que va-t-il devenir? où va-t-il, et pourquoi
    L'éloigner du toit solitaire
Où, pendant si longtemps, il vécut près de moi,
    Dans le silence et le mystère?

Imprudent voyageur, les lieux où tu te rends
    Sont pleins d'écueils, et, là sans doute,
Tu ne rencontreras que des indifférents,
    Ou très-peu d'amis sur ta route.

De ceux-là cependant il en est jusqu'à trois
    Dont l'indulgence m'encourage :
Il en est un surtout à qui certes je dois
    D'avoir épuré mon ouvrage.

C'est à lui, c'est à vous qui m'avez soutenu
    Dans cette voie un peu hardie,
Que j'en devrai l'honneur, s'il est le bien venu...
    C'est à vous que je le dédie.

24 août 1875.

TABLE

	Pages.
Le Promeneur solitaire.	1
Beled-el-Aneb.	5
Ma Maitresse.	8
Le Vrai Bonheur.	11
Le Ruisseau.	15
A une jeune fille.	18
L'Amour du foyer.	23
Aux Eaux.	26
Le Point noir.	31
Une Question indiscrète.	40
Venise.	44
Verecundia.	47
Le Matin et le Soir.	52
Néala.	56
Les Fleurs animées.	61

	Pages.
La Haine	63
L'Hirondelle	67
L'Océan	73
La Rime	76
Un Rayon de soleil	79
Les Bords de la Saône	84
Les Deux Beautés	87
L'Éphémère	95
La Méridienne	96
Un Beau Convoi	98
Un Ciel sans nuages	100
Les Trois Rencontres	110
Le Liseron	112
Pense a moi	113
Après l'orage	116
La Toilette d'une femme	121
Le Jeune Arabe	122
La Cause	130
La Saint-Hubert	132
Amicus amico	138
Le Rendez-vous	142
Le Beuvray	143
L'Abandon	146
Les Vrais Amis	148
Ma Sulamite	154
Plombières	158
La Perle noire	161
Les Improvisateurs	165

TABLE.

	Pages.
A MA FENÊTRE.	167
SUR UN ALBUM	174
LES MARTINETS	175
FATIMA	182
UN VIEUX HIBOU	184
LE MESSAGER	186
JEUNES FILLES ET JEUNES GENS	191
UNE BONNE FORTUNE	193
L'APPARITION	211
LA NAISSANCE DE VÉNUS	215
LES PAPILLONS	218
LE COIN DU FEU	221
UNE ILLUSION	227
LA PIROGUE	231
UNE ÉMOTION	233
UNE FLEUR PERDUE	239
SUR LA PLAGE	242
LE CHANT DU MERLE	245
LE LICHEN	248
LA POÉSIE	259
L'ILE DE ROBINSON	261
LA CROISÉE DU CIEL	268
RÊVERIE	270
LE VIEILLARD DE VÉRONE	272
LE BAISER	274
LE ROCHER DE LA CROISETTE	276
CATHERINE	278
LE SORCIER	282

TABLE.

	Pages.
La Pensierosa.	284
Orteig le Coureur.	286
Le Berceau.	292
Le Pêcheur de Péronne.	294
L'Exode.	298
Le Mont-Misère.	307
Trente Ans après.	311
La Fontaine de Vaucluse.	316
Le Confident.	318
Loulette.	331
Un Portrait.	333
La Couleur des noms.	336
Au Vatican.	339
Mon Chalet.	341
Monte-Carlo.	344
En chemin de fer.	349
Firenze.	353

Paris. — J. Claye, imprimeur, 7, rue Saint-Benoit. — [1305]

www.ingramcontent.com/pod-product-compliance
Lightning Source LLC
Chambersburg PA
CBHW050542170426
43201CB00011B/1532